KARL-TH. ZAUZICH

HIEROGLYPHEN OHNE GEHEIMNIS

KULTURGESCHICHTE DER ANTIKEN WELT

BAND 6

VERLAG PHILIPP VON ZABERN · MAINZ AM RHEIN

KARL-TH. ZAUZICH

HIEROGLYPHEN OHNE GEHEIMNIS

EINE EINFÜHRUNG
IN DIE ALTÄGYPTISCHE SCHRIFT
FÜR MUSEUMSBESUCHER
UND ÄGYPTENTOURISTEN

PHVZ

VERLAG PHILIPP VON ZABERN · MAINZ AM RHEIN

Herausgegeben vom Verein zur Förderung des Ägyptischen Museums
in Berlin-Charlottenburg e.V.

125 Seiten mit 8 Farb- und 6 Schwarzweiß-Abbildungen

Entwurf des Einbandes: Gerhard R. Hauptmann, Berlin
Erklärung der Hieroglyphen S. 105

ISBN 3-8053-0470-6

INHALT

VORWORT

Wie kann man ägyptische Hieroglyphen lesen? Diese Frage, die sich wohl jeder Freund ägyptischer Kunst einmal gestellt hat, soll hier für Sie beantwortet werden. Das Prinzip der Hieroglyphenschrift ist viel einfacher, als Sie es sich wahrscheinlich vorstellen. In wenigen Stunden können auch Sie es erlernen und dann einfache Inschriften, wie sie in diesem Buch abgebildet sind, selbst lesen und verstehen. Sie gewinnen so einen ganz neuen Zugang zu einer der ältesten Hochkulturen der Menschheit, die mit der unsrigen auf vielfältige Weise verbunden ist. Die Hieroglyphen sind seit ihrer Entzifferung durch Jean François Champollion (1822) kein Geheimnis – und brauchen es auch für Sie nicht mehr zu sein.
Übrigens: dieses Buch setzt keine sprachlichen Kenntnisse voraus, die über den Lehrstoff der Volksschule hinausgehen.

1 ALLGEMEINES

1.1 Keine Schrift nur für Genies

Das ist das erste, worüber Sie sich klar werden sollten: Die ägyptische Hieroglyphenschrift ist seinerzeit von vielen Menschen beherrscht worden. Die meisten von ihnen waren gewiß ebenso weit von Genialität entfernt wie die meisten von uns heutigen Menschen – die Ägyptologen eingeschlossen. Natürlich, ein bißchen komplizierter als unser einfaches Alphabet war ihr Schriftsystem schon. Man kann das auch in Zahlen ausdrücken: unser Alphabet hat 26 Buchstaben, die ägyptische Hieroglyphenschrift des Mittleren Reiches etwa 700 Zeichen – genau hat sie niemand gezählt –, die zudem vielfach mehrdeutig sind. Das hört sich immerhin noch einigermaßen erschreckend an, ist aber lange nicht so schlimm wie's klingt, weil viele Zeichen davon so bildhaft »einsichtig« sind, daß sie nicht eigens gelernt werden müssen. In diesem Buch werden rund 150 Hieroglyphen vermittelt, mit denen sich schon viele kurze Inschriften lesen lassen.
Übrigens braucht man nicht einmal als Ägyptologe alle Hieroglyphen mit ihrer Bedeutung auswendig zu kennen, da man die seltenen Zeichen schnell in entsprechenden Büchern nachschlagen kann.

Die Zahl der schriftkundigen Personen ist im alten Ägypten zwar nie ganz klein gewesen, andrerseits hat die relative Kompliziertheit des Schriftsystems bewirkt, daß immer nur ein kleiner Prozentsatz der Bevölkerung lesen und schreiben konnte. Um ein guter Schreiber zu werden, mußte man lange Jahre studieren. Viele Übungen, die emsige Schüler im Unterricht oder als Hausaufgaben geschrieben haben, werden heute in den Museen der Welt als Kostbarkeiten gehütet. Die Schreibversuche der Schüler lassen interessanterweise erkennen, daß die ägyptische Schrift nach der Ganzheitsmethode gelehrt wurde.
In einer Hinsicht hatten's die ägyptischen Schüler leichter als ihre heutigen Kollegen: Es gibt in der ägyptischen Schrift keine strikten orthographischen Regeln. An die Stelle der Orthographie tritt die Ästhetik.

1.2 Ästhetik statt Orthographie

Richtig ist, was gut aussieht. Welch glückliche Nachricht wäre das für Schüler von heute! Tatsächlich ist Ästhetik beinahe die einzige Norm, unter der die ägyptische Hieroglyphenschrift steht. Das fängt schon mit der Schriftrichtung an. Ob man Hieroglyphen von rechts nach links oder von links nach rechts schreibt, richtet sich nach der Stelle, an der sie angebracht werden. Die einzelnen Schriftzeichen werden immer so ausgerichtet, daß sie dem Auge des Lesenden entgegenblicken. Das gilt für alle Hieroglyphen, ist aber für Laien am einfachsten an den tier- und menschengestaltigen Zeichen zu erkennen. Diese schauen immer zum Anfang der Zeile, bei einer nach links laufenden Schrift also nach rechts.

Wenn beispielsweise eine Inschrift um eine Tür herum angebracht werden soll, so werden die einzelnen Zeichen so ausgerichtet, wie es die Pfeile markieren. Auf diese Weise kann der durch die Tür Hindurchschreitende die Texte am leichtesten lesen; kein Zeichen wendet ihm »unhöflich« den Rücken zu. Bitte vergleichen Sie dazu die Abbildung auf S. 87.

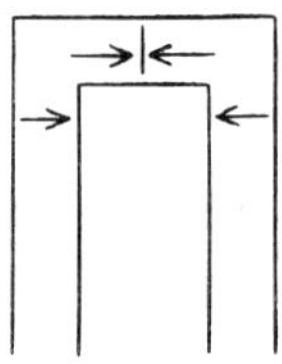

Auch die Anordnung der einzelnen Hieroglyphen zueinander unterliegt ästhetischen Regeln. Die Ägypter haben sich immer bemüht, die Schriftzeichen so zu gruppieren, daß ausgewogene Quadrate entstanden. Ein Beispiel: Das Wort für »Gesundheit« besteht aus den drei Konsonanten *ś – n – b*. Diese hätte ein Ägypter schwerlich so  geschrieben (Schriftrichtung von rechts nach links), denn das wäre ihm unschön und daher »falsch« erschienen. »Richtig« ist dagegen die

Anordnung zu einem Quadrat , vgl. die Abbildung auf Seite 52.

Die erstaunliche Kunstfertigkeit, mit der die Ägypter solche Quadrate konstruiert haben, können Sie bei allen in diesem Buch behandelten Inschriften selbst beobachten. Eine wesentliche Erleichterung für die Bildung der Quadrate war es, daß die einzelnen Zeichen ihre Größe verändern konnten und daß sich manche Hieroglyphen sowohl senkrecht als auch waagerecht schreiben ließen (z. B. die Buchrolle  bzw. ). Sogar vor der Umstellung einzelner Zeichen schreckte man nicht zurück, wenn durch die eigentlich falsche Anordnung ein schöneres Schriftbild erzielt werden konnte.

So gab es für viele ägyptische Wörter mehrere verschiedene Schreibweisen, von denen eine so richtig wie die andere war, wenn sie nur dem eben genannten Kriterium entsprach (vgl. z. B. S. 79 und S. 105).

Bitte beachten Sie:

In diesem Buch sind die Hieroglyphen grundsätzlich rechtsblickend (Leserichtung von rechts nach links) geschrieben. Zeigt ein hier behandelter Originaltext jedoch die Ausrichtung der Hieroglyphen nach links (Leserichtung nach rechts), so ist diese beibehalten und durch einen Pfeil ← extra markiert.

1.3 Bildzeichen – doch nicht Bilderschrift

Der ornamentale Reiz der Hieroglyphen liegt wesentlich in ihrem Bildcharakter begründet, der die Ägypter oft dazu veranlaßt hat, die einzelnen Zeichen höchst kunstvoll auszugestalten. Fast alle Hieroglyphen stellen ein Lebewesen oder einen Gegenstand dar und sind in den meisten Fällen unschwer zu erkennen. Da die Zeichen keinen abstrakt-geometrischen Charakter haben, sind sie verhältnismäßig leicht zu erlernen, allerdings vielfach nicht ganz leicht zu schreiben. Seien Sie daher nicht enttäuscht, wenn Ihre ersten hieroglyphischen Versuche noch nicht so schön aussehen – das ist nur eine Frage der Übung.

Trotz der Bildhaftigkeit der Hieroglyphen ist die ägyptische Schrift aber keine Bilderschrift in dem Sinne, daß Bild und Bedeutung immer übereinstimmen. Das Schriftzeichen 𓅓 zum Beispiel bedeutet im allgemeinen keine Eule, sondern nur den Buchstaben *m*. Zwischen dem bildhaften ägyptischen Schriftzeichen 𓅓 und dem (scheinbar!) abstrakt-geometrischen lateinischen Schriftzeichen M besteht kein prinzipieller Unterschied: beides sind nur Buchstaben mit dem Lautwert *m*. Komplizierter wird die Sache erst dadurch, daß viele Hieroglyphen bald einen allgemeingültigen Lautwert, bald die ursprüngliche Bildbedeutung haben können. Soll eine Hieroglyphe wirklich das bedeuten,

was ihr Bild darstellt, setzt man ihr gern einen kleinen Strich, den sogenannten Determinativstrich, hinzu. So bezeichnet die Hieroglyphe  z. B. im allgemeinen nur den Buchstaben *r;* mit dem Determinativstrich hingegen hat das Zeichen  die Bedeutung »Mund« oder auch »Spruch«.
Die ägyptische Hieroglyphenschrift ist also nur in sehr begrenztem Maße eine echte Bilderschrift mit Übereinstimmung zwischen Bild und Sinn. Diese Erkenntnis ist grundlegend für ihr Verständnis. Weil man lange Zeit von der falschen Voraussetzung des symbolischen Wertes aller Hieroglyphen ausging, sind alle Entzifferungsversuche bis zu Champollions genialer Entdeckung (1822) gescheitert.

1.4 Wie die Ägyptologen »Ägyptisch« sprechen

Unter allen ägyptischen Hieroglyphen gibt es kein einziges Zeichen, das einen Vokal bedeutet. Die ägyptische Schrift ist also, ähnlich wie die »unpunktierte« arabische und hebräische Schrift, eine reine Konsonantenschrift. Nun kann man natürlich eine Folge von lauter Konsonanten nicht aussprechen, man muß eben wissen, welche Vokale in das Konsonantengerüst hineingehören. Das ist weniger kompliziert, als es klingt. Auch wir können ja beispielsweise einen fast nur aus

Konsonanten bestehenden Annoncetext ohne alle Schwierigkeit lesen:

. . . Komf. Apptms. b. 4 Pers. 35. – od. komf. Fer.-Whg. b. 8 Pers. 45.–, Zim. m. Frst. 15.–, Ztrhzg. . . .

In ähnlicher Weise können Araber einen arabischen Text lesen, auch wenn die Vokale nicht durch Striche über oder unter den zugehörigen Konsonanten angegeben sind. Ebenso haben die alten Ägypter ihre Hieroglyphen mit den richtigen Vokalen lesen können, obwohl die Vokale nie geschrieben waren. Bei der entsprechenden Kenntnis der Sprache weiß man eben, mit welchen Vokalen das Konsonantengerüst bestimmter Wörter zu füllen ist. Hier liegt nun das Problem für die Ägyptologen. Weil die Sprache der Hieroglyphen seit fast 2000 Jahren eine tote Sprache ist, kennt niemand die Vokalisierung altägyptischer Wörter genau. Gewiß läßt sich mit sprachwissenschaftlichen Überlegungen die Vokalisierung vieler Wörter annäherungsweise erschließen, aber das ist sozusagen eine Wissenschaft für sich. Für den täglichen Gebrauch bedienen sich die Ägyptologen eines ebenso einfachen wie gewalttätigen Tricks, um die Häufung von lauter Konsonanten aussprechbar zu machen: sie fügen zwischen die Konsonanten einfach ein *e* ein. Ein Wort *śnb* sprechen sie also seneb aus, ein Wort *nfrt* als neferet usw. Außerdem ist man übereingekommen, bestimmte Konsonanten, die Vokalen nahestehen, als a, i und u auszusprechen

(s. dazu S. 21). Die Aussprache der ägyptischen Wörter, die so zustande kommt, ist natürlich absolut künstlich. Sie dürfte so weit von der seinerzeitigen Lautung entfernt sein, daß ein Ägypter des Altertums, könnte er einen heutigen Ägyptologen »Ägyptisch« sprechen hören, diesen schwerlich verstehen würde. Schriftlich könnten sich die beiden dagegen mühelos verständigen!

Man muß zugeben, daß Wörter mit lauter e-Vokalen nicht gerade schön klingen. Deshalb haben sich seit langer Zeit für manche Königsnamen andere Aussprachen eingebürgert, die sich nicht nach den eben genannten Regeln richten. So findet man beispielsweise für den nach ägyptologischer Konvention als Imenhetep auszusprechenden Königsnamen in der Literatur oft Wiedergaben wie Amenhotep, Amunhotpe, Amenhetep u. ä. Für den weiblichen Namen, der eigentlich Neferet-iiti auszusprechen wäre, hat sich in Deutschland die Aussprache Nofretete eingebürgert. Die Engländer sagen dagegen meistens Nefertiti. Natürlich ist keine dieser Formen »richtig«, denn die seinerzeitige Aussprache des Namens ist nach den neuesten sprachwissenschaftlichen Untersuchungen etwa Nafteta gewesen[1]. Jemand hat sich einmal den Spaß und die

1 G. Fecht in: Zeitschrift für ägypt. Sprache und Altertumskunde 85, 1960, S. 89.

Mühe gemacht, alle verschiedenen Wiedergaben des Namens *Ij-m-ḥtp,* des weisen Baumeisters des Pharaos Djoser, zu zählen, die sich im modernen Schrifttum finden: er kam auf 34 verschiedene Formen![2]
Um das Laienverwirrspiel komplett zu machen, gibt es nun noch Namen ägyptischer Könige, die von altgriechischen Schriftstellern überliefert sind und die oft in heutigen Büchern verwendet werden. Für den Namen Amenhotep existiert beispielsweise die griechische Form Amenophis. (Zu weiteren Beispielen vgl. S. 95.) Daß eine solche griechische Namensform vorliegt, läßt sich in vielen Fällen an der Endung -os, -is oder -es erkennen.

1.5 Was ist Umschrift?

Im täglichen Leben und beim Sprachstudium ist es oft nötig, Wörter und Namen aus anderen Schriften in die eigene Schrift zu übertragen. Diesen Vorgang nennt man Umschrift oder Transkription. Für die Umsetzung der einzelnen Schriftzeichen gibt es bestimmte Regeln. Da die einzelnen Sprachen einen unterschiedlichen Lautbestand haben, kann in vielen Fällen nicht einfach ein Buchstabe der einen Schrift durch einen einzigen

2 J. B. Hurry, Imhotep, Oxford 1928, S. 190 ff.

Buchstaben der anderen Schrift ersetzt werden. Man muß vielmehr oft statt eines einzelnen Zeichens die Kombination mehrerer Zeichen verwenden oder durch zusätzliche Punkte und Striche (sogenannte diakritische Zeichen) den besonderen Lautwert eines Zeichens verdeutlichen. So wird zum Beispiel im Deutschen ein griechisches ϑ durch *th* umschrieben, ein russisches щ durch *stsch* oder *šč*, ein arabisches ط durch *ṭ* usw. Entsprechend kann auch die ägyptische Hieroglyphenschrift »umschrieben« werden. Die Regeln dafür beruhen, wie alle Transkriptionsregeln, auf Konvention und sind international noch nicht ganz einheitlich. Üblicherweise erscheinen in den Umschriften hieroglyphischer Wörter nur die Zeichen, die einen Lautwert haben. Die stummen, nur zur Erklärung dienenden Zeichen bleiben unberücksichtigt.

Die ägyptische Sprache verfügt über verschiedene Laute, die in der deutschen Sprache nicht existent sind. (Die Einzelheiten werden im nächsten Kapitel erläutert.) Vokale werden in der Hieroglyphenschrift im allgemeinen nicht wiedergegeben. Dafür ist sie aber in einem anderen Fall vollständiger als unsere Schrift. Es gibt nämlich ein eigenes Zeichen für den Stimmansatz, der im Deutschen zwar gesprochen, aber nicht geschrieben wird. Wir schreiben ja die Wörter »Ameise« und »am Eise« mit den gleichen Buchstaben, machen aber einen Unterschied in der Aussprache. Der Unterschied besteht (u. a.) in dem im Kehlkopf gebildeten Stimmansatz vor »Eise«. Dieser Kehlkopflaut entspricht etwa dem ägyptischen 𓄿 (Buchstabennamen: Aleph, Umschrift: ꜣ). Ein noch tiefer im Kehlkopf gebildeter Stimmansatz – in deutscher Hochsprache kaum vorkommend – wird mit dem Konsonanten 𓂝 (Buchstabennamen: Ajin, Umschrift ʿ) bezeichnet. Aleph und Ajin sind also echte Konsonanten, werden von den Ägyptologen jedoch zur Vereinfachung wie a ausgesprochen.

2 DAS SCHRIFTSYSTEM

2.1 Das ägyptische Alphabet

Die ägyptische Hieroglyphenschrift verfügt über ein komplettes Alphabet von 24 Konsonanten. Diese Zeichen müssen Sie nun als erste lernen:

Hieroglyphe	Bildbedeutung	Umschrift	ägyptolog. Aussprache
𓄿	Geier	*ꜣ*	a
𓇋	Schilfblatt	*i*	i oder j
𓇌	zwei Schilfblätter	*j*	i
𓂝	Unterarm	*ꜥ*	a
𓅱	Wachtelküken	*w*	w oder u
𓃀	Bein	*b*	b
𓊪	Hocker	*p*	p
𓆑	Viper	*f*	f
𓅓	Eule	*m*	m
𓈖	Wasser	*n*	n
𓂋	Mund	*r*	r

Hieroglyphe	Bildbedeutung	Umschrift	ägyptolog. Aussprache
	Hof	*h*	h
	Strick	*ḥ*	ch (wie in ach)[3]
	?	*ḫ*	ch (wie in ich)
	Tierleib mit Zitzen	*ẖ*	ch (wie in ach)
	Türriegel	*s*	stimmhaftes s
	gefalteter Stoff	*ś*	stimmloses s
	Teich (Grundriß)	*š*	sch
	Sandböschung	*ḳ*	k (weit hinten im Gaumen gesprochen)
	Korb	*k*	k
	Krugständer	*g*	g
	Brotlaib	*t*	t
	Seil	*ṯ*	tj (wie in Nation)
	Hand	*d*	d
	Kobra	*ḏ*	dj (wie in englisch journal)

3 Im deutschen Text dieses Buches wird der Laut durch ḥ bezeichnet.

Hieroglyphe	Bildbedeutung	Umschrift	ägyptolog. Aussprache
Einige Nebenformen:			
𓏭	zwei Striche	*j*	i
𓋔	Krone	*n*	n
𓐝	?	*m*	m
𓏲	vgl. S. 123 Z 7	*w*	w oder u

Bitte versuchen Sie nun, sich diese Hieroglyphen einzuprägen und ihre Schreibung zu üben. Zum Spaß können Sie auch probieren, Ihren Namen in Hieroglyphen zu schreiben. Für deutsche Vokale benutzen Sie dabei am besten folgende ägyptische Konsonantenzeichen:

𓄿 für a; 𓇌 oder 𓏭 für i; 𓅱 oder 𓏲 für u und o.
Für deutsches *l* kann man das Zeichen 𓃭 (s. S. 26) verwenden).

Ans Ende eines männlichen Namens schreiben Sie einen sitzenden Mann 𓀀, ans Ende eines weiblichen Namens eine sitzende Frau 𓁐, das sind sogenannte Determinative (s. S. 34).
Bitte achten Sie darauf, daß Ihre Hieroglyphen immer zu schönen Quadraten angeordnet sind, also etwa

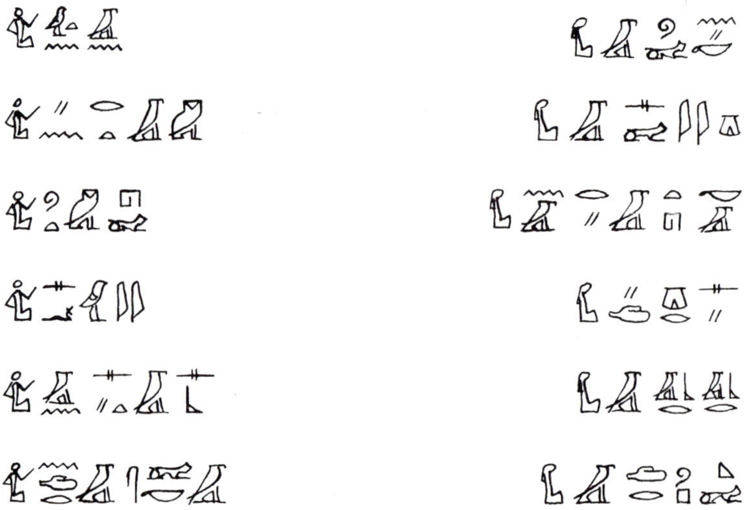

Haben Sie alle Namen lesen können? Wenn nicht, finden Sie die Erklärung auf Seite 102.

Der letzte Name der rechten Spalte fällt insofern aus der Reihe, als er in eben dieser Form in antiken Inschriften vorkommt[4]. Sie sehen daraus, daß unsere Spielerei mit den Namen ein altes Vorbild hat: die Ägypter sind ebenso verfahren, wenn sie unägyptische Namen wie Kleopatra, Alexander (bzw. Alexandros), Ptolemaios usw. schreiben mußten.

Im Prinzip wäre es möglich, jedes ägyptische Wort nur mit den wenigen Zeichen des Alphabetes zu schreiben.

4 Auch der letzte Name der linken Spalte ist in einer ähnlichen Schreibung (nur mit zusätzlichem *s* für die griechische Endung -os) antik belegt.

Zum Nachteil für den Lernenden haben sich die Ägypter aber nie mit ihrem Alphabet begnügt, sondern immer auch viele andere Zeichen benutzt, die in den nächsten Kapiteln erläutert werden. Trotzdem werden viele Wörter rein alphabetisch geschrieben. Einige davon müssen Sie sich jetzt bitte einprägen:

hieroglyph. Schreibung	Umschrift	ägyptolog. Aussprache	Bedeutung
	n	en	für (Präposition, Einleitung des Dativs)
	*m*	em	in (Präposition)
 oder 	*in*	in	durch, seitens (Präpos.)
	*ḫr*	cher	bei (Präposition)
	*ntj*	neti	welcher (Relativpronomen)
	*śnb*	seneb	Gesundheit
	*twt*[5]	tut	Bild
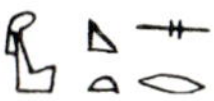	*Srḳ.t*	Serket	(Göttin) Serket/ Selket

5 Das letzte Zeichen ist stumm, vgl. dazu S. 34.

hieroglyph. Schreibung	Umschrift	ägyptolog. Aussprache	Bedeutung
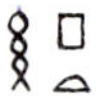	*Ptḥ*	Peteḥ[7]	(Gott) Ptaḥ
	*Rʿ*[5]	Ra[7]	(Gott) Re
	*p.t*[5,6]	pet	Himmel
	*ḫ.t*[5,6]	chet	Sache
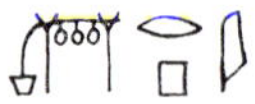	*irp*[5]	irep	Wein
	*ḏ.t*[6]	djet	Ewigkeit

2.2 Zweikonsonantenzeichen

Sie werden sich vielleicht fragen, warum die Ägypter eine relativ komplizierte Schrift mit vielen hunderten Zeichen benutzt haben, wenn sie's doch mit ihrem Alphabet von knapp 30 Zeichen so viel leichter hätten haben können. Das ist in der Tat verwunderlich und dürfte zunächst einmal historische Gründe haben: die

6 Der Punkt in der Umschrift soll Sie hier nicht stören; er wird auf S. 44 erklärt.

7 Dies wäre die Aussprache, wie sie den oben genannten Regeln entspräche. Für Gottesnamen haben sich jedoch einige abweichende Ausspracheweisen eingebürgert. Statt Peteḥ sagt man im allgemeinen Ptaḥ, statt Ra oft Re, statt Imen meistens Amun usw., vgl. auch S. 97.

Einkonsonantenzeichen sind nämlich erst später »erfunden« worden als die anderen Zeichen. Als dann einmal das ganze Schriftsystem bestand, wollte man sich davon nicht trennen, sicher auch aus religiösen Gründen. Die Hieroglyphen galten den Ägyptern als kostbares Geschenk des Gottes der Weisheit Thot. Viele dieser Zeichen einfach nicht mehr zu verwenden und das ganze Schriftsystem zu ändern, wäre in ägyptischen Augen ein Sakrileg und ein unsäglicher Verlust zugleich gewesen, ganz abgesehen davon, daß mit einem Schlage die Verbindung zu allen alten Texten abgerissen wäre. So ist es durchaus logisch, daß das komplizierte hieroglyphische Schriftsystem erst dann abgelöst wurde, als eine neue Religion, die christliche, sich in Ägypten durchsetzte.

Außer den Einkonsonantenzeichen hat die ägyptische Schrift vier andere Kategorien von Hieroglyphen. Die erste davon sind die Zweikonsonantenzeichen, die, wie der Name sagt, jeweils die Kombination von zwei Konsonanten bezeichnen. Von den insgesamt rund 100 Schriftzeichen dieses Typs wollen wir hier etwa 30 lernen:

Zweikonsonantenzeichen	Umschrift	ägyptolog. Aussprache
	*ꜥꜣ*	aa
	wꜣ	wa

Zweikonsonantenzeichen			Umschrift	ägyptolog. Aussprache
	und		*pꜣ*	pa
			*mꜣ*	ma
			*ḥꜣ*	ḥa
			*ḫꜣ*	cha
			*sꜣ*	sa
			*šꜣ*	scha
			*kꜣ*	ka
	und		*tꜣ*	ta
			*ḏꜣ*	dja
			*mj*	mi
			*tj*	ti
	und		*dj*	di
			*ḫꜥ*	cha
			*ꜣw*	au
			*nw*	nu
			*rw*[8]	ru

8 Dieses Zeichen wird bei der Wiedergabe unägyptischer Wörter gern für den Laut *l* benutzt.

Zweikonsonantenzeichen	Umschrift	ägyptolog. Aussprache
	*św*	su
	*nb*	neb
	*ḥp*	ḥep
	*ḥm*	ḥem
	*tm*	tem
	*in*	in
	*wn*	wen
	*mn*	men
 und 	*śn*	sen
	*ir*	ir
	*wr*	wer
	*pr*	per
 und 	*mr*	mer
	*ḥr*	ḥer
	*ḫr*	cher
	*mś*	mes
	*ḥḏ*	ḥedj

Alle Zweikonsonantenzeichen können ebenso wie die Einkonsonantenzeichen in ganz verschiedenen Wörtern gebraucht werden. Dafür einige Beispiele:

	*św.t*	sut »Binse« (Wappenpflanze Oberägyptens) Der Strich (Determinativstrich) weist darauf hin, daß die Hieroglyphe hier das bedeutet, was sie darstellt. Das *t* am Schluß ist die Endung eines weiblichen Wortes und wird in der Umschrift durch einen Punkt vom Wortstamm getrennt.
	*Ḫnśw*	Chensu (Gott Chons)
	*n-św.t*	nesut »König von Oberägypten« Das Wort ist so zu lesen, obwohl die Zeichen eigentlich in der Reihenfolge *św-t-n* geschrieben sind, vgl. S. 40.

In den folgenden Beispielen für die Verwendung des Zweikonsonantenzeichens *kꜣ* steht am Wortende jeweils ein stummes Zeichen, ein Deutzeichen oder Determinativ, vgl. S. 34:

	*kꜣ*	ka »Stier«
	*kꜣ.t*	kat »Arbeit«
	*kꜣm*	kam »Winzer«

Viele Zweikonsonantenzeichen haben gleichzeitig auch eine eigene Wortbedeutung, wenn sie allein bzw. mit dem Determinativstrich (S. 33) oder einem passenden Determinativ stehen, z. B.

𓉻	*ꜥꜣ*	groß
𓅭	*sꜣ*	Sohn
𓎟	*nb*	jeder, alle
𓉐	*pr*	Haus
𓁹	*ir*	machen
𓌸	*mr*	lieben
𓁷	*ḥr*	auf, um, für
𓂓	*kꜣ*	Ka (ein religiöser, unübersetzbarer Begriff, der das unvergängliche Wesen eines Menschen meint).

2.3 Das phonetische Komplement

Hinter diesen beiden Fremdwörtern verbirgt sich ein Trost für jeden, den eben die Anzahl der Zweikonsonantenzeichen erschreckt hat. Die »lautliche Ergänzung« (phonet. Komplement, nicht mit Kompliment zu verwechseln!) erleichtert nämlich das Lernen und das Lesen von Hieroglyphen ganz wesentlich. Sie besteht darin, daß ein Laut eines Mehrkonsonantenzeichens diesem noch einmal mit dem jeweiligen alphabetischen Zeichen hinzugefügt wird. Statt  *św* schreibt man z. B. oft , also eigentlich *św-w*. Man liest dann trotzdem nur *św*, denn das zusätzliche Einkonsonantenzeichen *w* ist nur eine Lesehilfe. Manchmal werden zu einem Zweikonsonantenzeichen sogar zwei phonetische Komplemente hinzugesetzt, z. B. 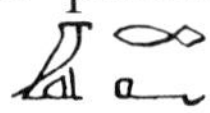 *ꜥꜣ* »groß« (geschrieben wie *ꜥꜣ-ꜥ-ꜣ*).

Für die Anwendung der phonetischen Komplemente gibt es keine festen Regeln. Für einzelne Wörter haben sich jedoch bestimmte Schreibweisen eingebürgert, die mehr oder weniger regelmäßig benutzt werden. Das Kriterium scheint auch hier zu sein, ob die Zeichen sich zu schönen Quadraten anordnen lassen. So wird beispielsweise der Name des Gottes Amun fast ausnahmslos mit *n* als phonetischem Komplement geschrieben:  d. h. *i-mn-n,* lies *imn,* ägyptologische Aussprache Imen bzw. Amun (vgl. S. 24).

Bitte versuchen Sie jetzt, die folgenden Königsnamen zu entziffern, die ausschließlich mit bereits besprochenen Hieroglyphen geschrieben sind (Lösung S. 102).

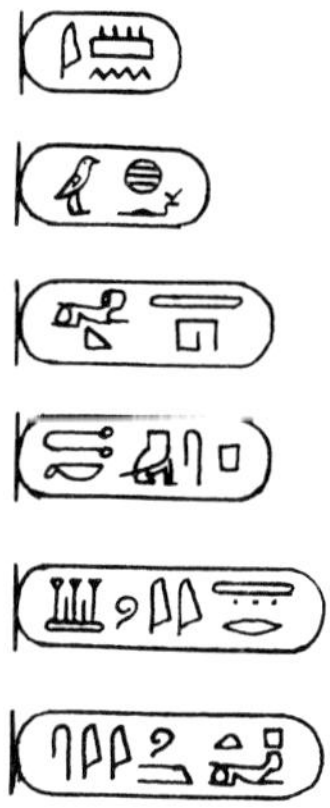

2.4 Dreikonsonantenzeichen

Die Dreikonsonantenzeichen bezeichnen, wie der Name sagt, die Kombination von jeweils drei Konsonanten. Sie sind also im Prinzip den Zweikonsonantenzeichen gleich, aber natürlich sehr viel seltener als jene. Nur einige davon wollen wir uns jetzt einprägen, zugleich mit der Bedeutung, die sie sehr oft dann haben, wenn sie allein stehen:

	*ḫpr*	werden, entstehen
	*nfr*	schön (sein)
	ḥtp	zufrieden sein
	śtp	auswählen

		*ḫrw*	Stimme
	oder 	*ḫnt*	vorn
auch			
		*śꜣḥ*	sich nähern

Auch die Dreikonsonantenzeichen werden gern mit phonetischen Komplementen versehen, z. B.

	*ḫpr*	(geschrieben wie *ḫpr-r*)
	*nfr*	(geschrieben wie *nfr-f-r*)

2.5 Sinnzeichen (Ideogramme)

Die bisher behandelten drei Gruppen von Hieroglyphen stimmen darin überein, daß sie bestimmte Laute bzw. Lautkombinationen bezeichnen und in ganz verschiedenen Wörtern gebraucht werden können. Sie sind also Lautzeichen, bei denen eine Übereinstimmung zwischen Bild und Bedeutung im allgemeinen nicht gegeben ist.

Im Gegensatz dazu meinen die Sinnzeichen (Ideogramme) bestimmte Begriffe oder auch ganze Wörter. Als Hinweis darauf, daß die Hieroglyphen eben das bedeuten, was sie darstellen, fügt man ihnen gern einen kleinen Strich hinzu, z. B.:

	*śbꜣ*	»Stern«
	*ib*	»Herz«
	*bj.t*	»Biene« (Das *t* ist die Endung eines weiblichen Wortes)
	*rʿ*	»Sonne«
	*nṯr*	»Gott«

Die Zahl der Wortzeichen in der Hieroglyphenschrift ist ziemlich groß. Einige der besonders häufigen werden Sie in den folgenden Lektionen und Beispielen kennenlernen. Viele Ideogramme sind selbst für ein mit ägyptischer Darstellungsweise nicht vertrautes Auge leicht zu erkennen. Andere Zeichen dagegen – wie etwa das Ideogramm für *nṯr* »Gott« – setzen für das Verständnis eine gewisse Kenntnis der ägyptischen Kultur voraus.

Auch die Ideogramme werden gern mit einem oder mehreren phonetischen Komplementen verbunden. Das Wort für »Stern« etwa kommt in folgenden Schreibungen vor

	*ś-b-śbꜣ*
	*ś-b-ꜣ-śbꜣ*.

In jedem Fall ist nur *śbꜣ* (ägyptologische Aussprache: seba) zu lesen. Aus Beispielen wie diesem mag sich ein anderer Gebrauch der Sinnzeichen entwickelt haben, der im nächsten Kapitel erklärt wird.

2.6 Deutzeichen (Determinative)

Die Deutzeichen können als Untergruppe der Sinnzeichen verstanden werden. Sie stehen immer am Wortende und sind im Gegensatz zu allen bisher behandelten Hieroglyphen stumm. Sie haben nur die Aufgabe, den Bedeutungsbereich, in den die jeweiligen Wörter gehören, ungefähr erkennen zu lassen. Durch ihre Stellung am Wortende dienen sie zugleich praktisch als Worttrenner in der ohne Wortabstände fortlaufenden Hieroglyphenschrift.

Einige Beispiele mögen die Anwendung der Deutzeichen veranschaulichen:

Hinter Wörter für Personen schreibt man einen sitzenden Mann  oder eine sitzende Frau  :

	*it*	»Vater« (Das dritte Zeichen, ein *f*, bleibt in dem Wort ausnahmsweise ungelesen.)
	*ḥm.t*	»Ehefrau«

 *nb* »Herr«

 *nb.t* »Herrin«

Gehören dem Begriff, der mit dem Deutzeichen versehen werden soll, Männer und Frauen an, so schreibt man einen sitzenden Mann, eine sitzende Frau und drei kleine Striche als Hinweis auf die Mehrzahl:

 *mhw.t* »Familie«

Hinter Verben der Bewegung schreibt man kleine laufende Beine  als Deutzeichen:

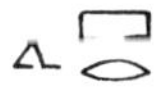 *pr* »herausgehen«.

Ist die Bewegung rückwärts gerichtet, so zeigt sich das auch im Determinativ:

 *ʿn* »umkehren«

Wörter, die mit Gewalt und Anstrengung zu tun haben, werden oft mit dem schlagenden Mann  determiniert:

 *śkȝ* »pflügen«.

Das letzte Beispiel zeigt, daß auch zwei (und mehr) Determinative – hier Pflug und schlagender Mann – zu einem Wort treten können.

Die meisten Deutzeichen sind gut einprägsam, weil sie so anschaulich sind, wie etwa in

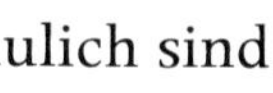 *iȝw* »alter Mann«

 *śẖdẖd* »auf den Kopf gestellt sein«

Vielleicht versuchen Sie selbst einmal herauszufinden, was die Determinative der auf S. 23/24 vorgestellten Wörter sein könnten; einige – nicht alle – werden Sie unschwer erkennen (vgl. S. 102/103).

Die Wahl bestimmter Determinative sagt manchmal einiges über die Meinung der antiken Textverfasser aus. Wenn etwa das Wort für »unterrichten« mit dem schlagenden Mann determiniert wird, so wirft das ein bedenkliches Licht auf den seinerzeitigen Schulbetrieb. Wenn das gleiche Determinativ gar hinter dem Wort für »Steuer« steht, dann ist das schon fast eine politische Aussage.

Die größte Bedeutung haben die Determinative aber zur Unterscheidung von Wörtern, die andernfalls völlig gleich aussehen würden. Es ist leicht verständlich, daß in einer Schrift ohne Vokalbezeichnung viele an sich verschiedene Wörter graphisch übereinstimmen müssen. Wir brauchen uns nur kurz vorzustellen, wir hätten keine Vokalzeichen für die deutsche Sprache. Wie sollte man dann einem Wort Lg ansehen, ob es Lage, Liege, Loge, Eloge, Lug usw. bedeutet? Nur der Zusammenhang oder ein zusätzliches Zeichen, das die Bedeutungsebene des jeweiligen Wortes ungefähr erkennen läßt, könnte da helfen. Eben das tun die Determinative, wie folgendes Beispiel zeigen möge, das sechs verschiedene Wörter mit dem gleichen Konsonantenbestand *wn* (sprich: wen) zusammenstellt:

	»öffnen«	Determinativ: eine Tür
	»eilen«	Determinativ: laufende Beine
	»Fehler«	Determinativ: ein kleiner Vogel, der bei allen schlechten Dingen geschrieben wird
	»kahl werden«	Determinativ: eine Haarlocke
	»Stadt Hermupolis«	eine Stadt mit Straßen
	»Licht«	Determinativ: Sonne mit Strahlen.

Auch die Kartusche  , die königliche Namen umschließt, kann man als Determinativ verstehen.

2.7 Graphische Besonderheiten und Abkürzungen

Die Schrift ist für die Ägypter niemals bloß ein Kommunikationsmittel ohne Eigenwert gewesen, sondern hatte in religiösen bis magischen Vorstellungen eine segen- oder fluchbringende Kraft bis hinein in das ersehnte Leben nach dem Tode. Viele Inschriften, be-

sonders natürlich auf Tempel- und Grabwänden, sind »für die Ewigkeit« intendiert – wer würde unter einem solchen Aspekt nicht größte Sorgfalt auf deren Gestaltung verwenden? Aber nicht nur ästhetische Schönheit (ausgewogene Quadrate, s. S. 10) ist das Ziel dieser Sorgfalt, sondern auch die sinnvolle Anordnung einzelner Inschriftteile zur Erreichung gedanklicher Bezüge. Nur ein Beispiel dafür: Wenn auf dem Alabasterkelch Tutanchamuns (s. S. 71) die königlichen Namen nach rechts, die Worte »geliebt von Amun . . .« nach links ausgerichtet sind, die beiden Inschriftteile sich also sozusagen anschauen, so ist dies ein Bild für die Liebe zwischen Gott und dem König. Man sage nicht, das sei Zufall. Tausende von entsprechenden Beispielen beweisen das Gegenteil (vgl. auch S. 58).
Eine andere Schreibgewohnheit, die ihren Grund im Religiösen hat, bringt für die Lesung der Königsnamen und mancher privaten Personennamen einige Schwierigkeiten. Diese Namen bestehen ja zum großen Teil aus mehreren Wörtern, nicht selten aus vollständigen Sätzen. Dabei ist ein Bestandteil davon gewöhnlich ein Gottesname, wie z. B. »Amun ist zufrieden« = »Amenophis« oder »Re hat ihn geboren« = »Ramses«. Aus Verehrung für die Götter werden nun deren Namen in der Schrift an den Anfang der Personennamen oder bestimmter Formeln gesetzt, auch wenn sie grammatisch an eine andere Stelle gehören. Statt Tut-anch-

amun (»Lebendes Bild des Amun«) schreibt man also Amun-tut-anch (S. 62), statt Saḥure (»Einer, dem sich Re nähert«) schreibt man Re-saḥu (S. 53), statt Anches-en-amun (»Sie lebt für Amun«) schreibt man Amun-anches-en (S. 68) usw. Die richtige Lesung von Königs- und Privatnamen, in denen Götternamen enthalten sind, kann man daher nur bei einiger Kenntnis der ägyptischen Sprache wissen – übrigens nicht einmal dann immer sicher, denn bis heute sind sich selbst die Ägyptologen über einige Namen uneins. (Weitere Beispiele auf S. 95).

Nicht nur die Namen bestimmter Götter werden in der Schrift vorangestellt, sondern auch das allgemeine Wort für Gott, *nṯr* , in einigen zusammengesetzten Ausdrücken. Dafür drei Beispiele:

a) *it-nṯr* »Vater des Gottes, Gottesvater« (ein Priestertitel): 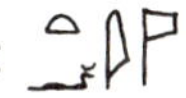
Der häufige Titel kommt auch in abgekürzter Schreibweise vor, z. B.  sowie  (S. 85).

b) *ẖr.t-nṯr* »Gottesland« = »Nekropole« (Friedhof):  (S. 85).
Wenn Sie die einzelnen Zeichen nicht erkennen, sehen Sie bitte auf S. 107 ff nach unter R8, T28, D21, X1, N25.

c) *ś-nṯr* »Weihrauch«:
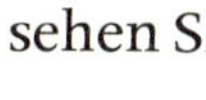 (S. 61) und 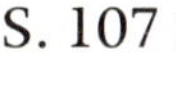 (S. 93).

Können Sie alle Zeichen beider Schreibweisen erklären? Wenn nicht, finden Sie auf S. 103 eine kurze Erläuterung.

Die gleiche Umstellung wie bei *nṯr* findet sich auch in Ausdrücken, die das Wort »König« enthalten. Sogar dieses Wort selbst gehört schon hierher, denn man liest  »König (von Oberägypten)« nicht *św.t-n,* sondern *n-św.t,* d. h. die Binse als königliches Wappenzeichen ist nach vorn gerückt. Entsprechend schreibt man den Ehrentitel vornehmer Frauen »Bekannte des Königs« *rḫ.t-nśw.t* nicht , sondern , also eigentlich *(n)św.t-rḫ.t,* vgl. S. 88[9]. In gleicher Weise verfährt man mit den Titeln »Vornehme des Königs« *špś.t-nśw.t*  (S. 88) und »Frau des Königs« *ḥm.t-nśw.t*  (S. 68).

Schließlich ist hier die Formel zu nennen, mit der die meisten Totengebete auf Stelen usw. beginnen: , auch 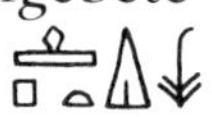 u. ä. Man liest sie *ḥtp-dj-nśw.t* (ägyptologische Aussprache: ḥetep-di-nesut), obwohl wiederum eigentlich *(n)św.t-ḥtp-dj* bzw. *(n)św.(t)-dj-ḥtp* geschrieben ist, vgl. S. 84, 88 und 92.

Die Übersetzung der sehr alten Formel mit »Der König gibt ein Opfer« ist ein bißchen problematisch, weil sich die Bedeutung im Laufe der Jahrhunderte gewandelt

9 Funktion und Bedeutung dieses im ägyptologischen Schrifttum viel diskutierten Titels sollen hier nicht erörtert werden.

hat, worauf hier jedoch nicht näher eingegangen werden kann.

Einige sehr häufig im Totenkult vorkommende Ausdrücke werden gern in abgekürzter Weise geschrieben. Dazu gehört die Bezeichnung für das Totenopfer selbst: *pr.t-(r-)ḫrw,* wörtlich »Herauskommen auf die Stimme« (nämlich auf die Stimme der für den Verstorbenen betenden und opfernden Person). Das wird gewöhnlich so 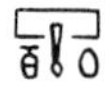 geschrieben. Von den vier Zeichen der Kombination kennen Sie erst zwei. Die übrigen sind auf S. 116 unter O3 erklärt.

Die verstorbene Person wird häufig  *imꜣḫw* »Ehrwürdiger« bzw.  *imꜣḫw.t* »Ehrwürdige« genannt. Ein weiteres Beiwort für den Verstorbenen, der im Totengericht bestanden hat, heißt 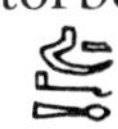 *mꜣʿ-ḫrw,* d. i. wörtlich »wahr (hinsichtlich seiner) Stimme«. Man fügt es dem Namen des Toten an und schreibt es verkürzt  oder ganz knapp (S. 90) oder 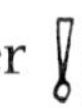. Gelegentlich wechselt in dieser Gruppe die Schriftrichtung (vgl. S. 76).

Schließlich ist hier zu erwähnen, daß verstorbene Personen beiderlei Geschlechts auch als »Osiris« angesprochen werden. Darin dokumentiert sich ein Glaube, der für den Toten ein Einswerden mit diesem Gott erhoffte.

Wichtig und unendlich oft auf Tempelwänden und anderswo zu finden ist die Abkürzung . Sie leitet Worte ein, die man als Aussprache eines Gottes kennzeichnen wollte. Zu lesen ist die Abkürzung als *ḏd mdw,* d. h. »Sagen von Worten (durch den Gott X)« oder »Worte, zu sprechen (durch den Gott X)«, vgl. z. B. S. 74. In vielen Fällen haben die beiden Zeichen eine ähnliche Funktion wie unsere Gänsefüßchen » zur Einleitung wörtlicher Rede.

Zum Schluß sei noch eine Abkürzung genannt, die z. B. hinter Königsnamen oft geschrieben wird: . Sie besteht aus dem Dreikonsonantenzeichen *ꜥnḫ* als Schreibung für *ꜥnḫ* »Leben«, dem Zweikonsonantenzeichen *ḏꜣ* als Abkürzung für *wḏꜣ* »Heil« und dem Einkonsonantenzeichen *ś* als Abkürzung für *śnb* »Gesundheit«. »Leben, Heil, Gesundheit!« lautet der gute Wunsch für alle, die sich bis hierher durchgearbeitet haben.

2.8 Komplikation und Vereinfachung

Das hieroglyphische Schriftsystem besteht aus zwei großen Gruppen von Schriftzeichen, den allgemeingültigen Lautzeichen (Phonogramme) und den speziellen Sinnzeichen (Ideogramme). Die Lautzeichen wiederum lassen sich unterteilen in Ein-, Zwei- und Dreikonsonantenzeichen, während die Sinnzeichen in die Wortzeichen mit Lautwert und die stummen Deutzeichen gegliedert werden können:

Lautzeichen (Phonogramme): 1-Konsz. | 2-Konsz. | 3-Konsz.

Sinnzeichen (Ideogramme): Wortz. | Deutz.

Leider wird dieser theoretisch recht einfache Sachverhalt dadurch wesentlich verkompliziert, daß viele Hieroglyphen in ihrer Funktion variabel sind und bald als Lautzeichen, bald als Wortzeichen, bald als Deutzeichen erscheinen. Die theoretische Erklärung der Hieroglyphen wird dadurch in einigen Fällen so kompliziert, daß sogar die Meinungen der Fachwissenschaftler nicht immer übereinstimmen.

Zum Glück brauchen wir uns hier von der komplizierten Theorie nicht weiter schrecken zu lassen, weil sie relativ wenig Bedeutung für das Lesen der Hieroglyphen hat. Es ist gar nicht nötig, daß wir uns in den folgenden Beispielen immer genau Rechenschaft darüber geben, ob eine Hieroglyphe ein Zweikonsonantenzeichen oder ein Ideogramm ist usw. Es genügt völlig zu wissen, wie man die einzelnen Zeichen zu lesen bzw. zu deuten hat. Wenn Sie sich an die Lesung eines bereits besprochenen Zeichens nicht mehr erinnern können, sehen Sie bitte auf S. 107 ff. nach.

2.9 Ein wenig Grammatik

Bevor wir nun daran gehen können, kurze Inschriften zu lesen, müssen wir ein paar grammatische Begriffe kennenlernen, ohne die ein Verständnis der Texte ausgeschlossen ist. Keine Angst: wir beschränken uns auf ganz wenig.

2.9.1 Grammatisches Geschlecht

Im Ägyptischen gibt es zwei grammatische Geschlechter: Maskulinum und Femininum. Sie sind im allgemeinen ganz einfach dadurch zu unterscheiden, daß die weiblichen Wörter eine Endung *.t* haben. In der Umschrift werden Endungen durch einen Punkt vom Wortstamm getrennt, also z. B.

 *nb* Herr  *śn* Bruder

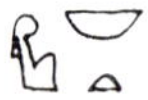 *nb.t* Herrin  *śn.t* Schwester

Auch bestimmte Verben haben im Infinitiv die weibliche Endung, z. B.  *ir.t* »machen«. Das *t* der weiblichen Endung bleibt sehr oft aber auch ungeschrieben. Achtung: Nicht jedes *t* am Wortende ist eine weibliche Endung!

2.9.2 Plural und Dual

Die Endung des Plurals (männlich *.w*, weiblich *.wt*) bleibt oft ungeschrieben. Graphisch kann der Plural auf verschiedene Weise markiert werden:

a) durch drei Striche

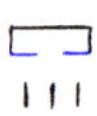 *pr.w* Häuser

 *nṯr.w* Götter

b) durch drei Kügelchen (nur bei bestimmten Wörtern)

	*db.w*	Feigen

c) durch Dreifachsetzung des Ideogramms oder Determinativs

	*pr.w*	Häuser
	*nṯr.w*	Götter
	*nś.wt*	Throne
	*nh.wt*	Sykomoren-Bäume

Entsprechend wird bei der grammatischen Zweizahl (Dual) verfahren. Die Endung des Duals ist *.wj* (männlich) bzw. *.tj* (weiblich); sie bleibt meistens ungeschrieben, z. B.

	*ʿ*	Arm
 oder 	*ʿ.wj*	beide Arme
	tꜣ	Land
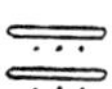 oder 	*tꜣ.wj*[10]	die beiden Länder (Bezeichnung für Ägypten)
	*tꜣ.w*	Länder

10 Das Landzeichen wird oft auch ohne die Punkte oder mit einem zusätzlichen Determinativ (S. 115 N21) geschrieben, vgl. S. 72.

2.9.3 Genetiv

Der Genetiv kann auf zwei Arten ausgedrückt werden, entweder durch die direkte Nebeneinanderstellung zweier Wörter oder durch die indirekte Verbindung derselben durch die Genetivpartikel *n*. In den Beispielen dieses Buches überwiegt die direkte Genetivverbindung, z. B.

	*nb.t pr*	Herrin des Hauses (S. 92)
	*nb p.t*	Herr des Himmels (S. 72)
	*nb ḫꜥ.w*	Herr der Kronen (S. 65)
	*nśw.t nṯr.w*	König der Götter (vgl. S. 85)
	*sꜣ Rꜥ*	Sohn des Re (S. 54)
	*ꜣw ib*	Weite des Herzens (Herzensfreude) (S. 53)

Beispiel für indirekten Genetiv:

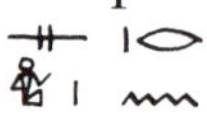	*rꜣ n s*	Mund des Mannes (S. 85)

2.9.4 Suffixe

Ein Suffix ist ein kurzes Wort, das ans Ende anderer Wörter angefügt werden kann. In der ägyptischen Sprache haben die sogenannten Personalsuffixe besondere Bedeutung. Diese entsprechen etwa unseren persönlichen Fürwörtern ich, du, er . . . (usw.). Wir brauchen hier nur einige von ihnen zu lernen, nämlich

=j	ich
=k	du (zum Manne gesagt)
=f	er
=ś	sie.

In der Umschrift werden die Suffixe durch Doppelstrich vom zugehörigen Wort getrennt. Die hieroglyphische Schreibung benutzt die entsprechenden alphabetischen Zeichen (S. 19), also 𓎡 und 𓆑 und 𓋴 usw. Nur das Suffix der 1. Person Singular *=j* wird in der uns beschäftigenden Zeit im allgemeinen nicht mit dem zu erwartenden 𓇋 Schilfblatt geschrieben. Stattdessen steht vielmehr gewöhnlich das Personendeterminativ, also

𓀀	wenn ein Mann,
𓁐	wenn eine Frau,
𓀭	wenn ein Gott die 1. Person Singular ist.

Achtung: In vielen Fällen bleibt das Suffix der 1. Person Singular ungeschrieben und muß vom Zusammenhang her ergänzt werden.
Die Suffixe haben verschiedene Funktionen, je nach der Art der Wörter, denen sie angefügt werden.

a) Verbindung mit Substantiven: Anzeige des Besitzes

	*śn*	Bruder
	*śn = k*	dein Bruder
	*kꜣ = k*	dein Ka (S. 73)
	*ib = f*	sein Herz (S. 53)

b) Verbindung mit Verben (sogenanntes *sḏm = f*)

	*dj = k*	du gibst
	*ir = f*	er macht
	*ꜥnḫ = s*	sie lebt

Diese Verbalform wird in der ägyptischen Grammatik nach dem Musterwort *sḏm* »hören« als *sḏm = f* (sprich sedjem-ef) bezeichnet. Sie hat in den Beispielen dieses Buches meistens die Bedeutung der Gegenwart; in einigen Fällen vertritt sie auch eine Wunschform (Optativ), z. B.

	*dj = f*	er möge geben (S. 85).

Welche dieser beiden Bedeutungen einer *sḏm = f*-Verbform im konkreten Fall zukommt, ist vielfach nur durch den Zusammenhang zu erkennen.
Im Satzzusammenhang hat das an ein Verb angefügte Suffix die Funktion des Subjektes. Statt eines Suffixes

kann natürlich auch ein Substantiv diese Funktion wahrnehmen:

	*ꜥnḫ=k*	du lebst (bzw. du mögest leben)
	*ꜥnḫ kꜣ*	der Ka lebt (bzw. möge leben)
	*ꜥnḫ kꜣ=k*	dein Ka lebt (bzw. möge leben, S. 73)

c) Verbindung mit Verben + *n* (sogenanntes *sḏm-n=f*)

Wird zwischen das Verb und das Suffix ein *n* eingeschoben, so entsteht eine Verbalform der Vergangenheit, die man nach dem Musterverb *sḏm* als *sḏm-n=f* bezeichnet, z. B.:

	*ir-n=k*	du hast gemacht
	*dj-n=j*	ich habe gegeben (von einer Frau gesagt).

d) Verbindung mit Präpositionen

Verbindung mit *n:* Dativ

Das *n* zur Dativbildung (S. 23) kann mit den Personalsuffixen verbunden werden, also

	*n=k*	dir
	*n=f*	ihm

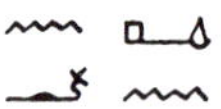	*dj-n(=j)* *n=f*	ich habe ihm gegeben (S. 49, zur Auslassung des Suffixes der 1. Person Singular s. oben S. 47).

Verbindung mit *m:* in

Bei der Verbindung der Präposition  *m* »in« mit Suffixen nimmt diese eine vollere Form  *im* an, also

	*im=j*	in mir
	*im=k*	in dir
	*im=ś*	in ihr.

2.9.5 Adjektive

Die Adjektive stimmen in ihrer grammatischen Form (Genus/Geschlecht und Numerus/Zahl) mit ihrem zugehörigen Substantiv überein, dem sie in der Regel folgen.

Die ägyptische Sprache kann Adjektive aus Präpositionen bilden, indem diesen eine Endung *-j* (bzw. *-j.t* im Femininum) angefügt wird, z. B.

	*ḥr*	auf
	*ḥrj*	oberer, oberster
	*ḫnt*	vorn
	*ḫntj*	vorn befindlicher, erster

Diese Endung bleibt jedoch sehr oft ungeschrieben, vgl. S. 88 *ḫnt(j)* »erster«.

3 BEISPIELE

3.1 Architrav des Sahure

Die erste Inschrift, die wir nun studieren wollen, steht auf einem Architrav vom Tempel des Königs Sahure (um 2450 v. Chr.) und ist im Ägyptischen Museum Berlin (West) ausgestellt. Die Ausgewogenheit der in den sehr harten roten Granit gehauenen Zeichen ist ein Wunder für sich. Die Quadrate sind, wie die Zeichnung zeigt, fast auf den Millimeter genau gearbeitet, ohne daß die ganze Inschrift deswegen steif und konstruiert wirkt. Es stecken übrigens noch andere gewiß nicht zufällige Proportionen in der Inschrift – vielleicht versuchen Sie selbst einmal, sie zu entdecken. Nur ein Hinweis: die Diagonalen des 2. Quadrates kreuzen sich genau in dem Mittelpunkt des Sonnenzeichens.

Nun zum Text selbst: Das erste, nicht vollständig erhaltene Quadrat enthält einen königlichen Titel (»Goldhorus«), der hier nicht weiter erklärt werden kann. Die Quadrate 2 und 3, die von der Kartusche (s. S. 37) umschlossen sind, geben den Namen des Königs wieder. Das erste Zeichen davon ist das Ideogramm der Sonne, das *Rꜥ* zu lesen ist (s. S. 33). Die zweite Hieroglyphe ist das 3-Konsz. für *śꜣḥ,* so daß die ganze Kartusche

7
6
5
4
3
2
1

die Zeichen *Rʿ-sꜣḥ-w* enthält, die nach der auf S. 38 erklärten Regel als *Śꜣḥ-w-Rʿ* zu verstehen ist, sprich Saḥure. Der Name läßt sich übersetzen mit »Einer, dem sich Re nähert«.

Der weitere Text des Architravs enthält Segenswünsche für den König. In Quadrat 4 stehen drei Wortzeichen, nämlich das Henkelkreuz *ʿnḫ* »Leben«, der Pfeiler *ḏd* »Dauer« und das Zepter *wꜣś* »Glück«. Quadrat 5 ist, rein alphabetisch geschrieben, *śnb* »Gesundheit«. Im vorletzten Quadrat findet sich der Wunsch »Herzensfreude«, geschrieben mit dem 2-Konsz. (bzw. Ideogramm) *ꜣw* »Weite«, dem Ideogramm *ib* »Herz« und dem 1-Konsz. *f*, dem Suffix »sein«, zusammen also *ꜣw ib=f* »Weite seines Herzens« (vgl. S. 46).

Das letzte Quadrat schließlich bedeutet »Ewigkeit«. Es besteht aus zwei alphabetischen Zeichen *(ḏ.t)* und dem üblichen Determinativ dieses Wortes, dem Landzeichen. Vielleicht ist Ihnen das Wort schon bekannt – wenn Sie gerne Kekse essen! Eine in Deutschland recht verbreitete Dauerkekssorte hat nämlich eben diese Hieroglyphen zum Warenzeichen mit der, wie Sie jetzt wissen, nicht ganz korrekten Umschrift TET. Die Kekse sollen offenbar eine »Ewigkeit« haltbar sein!

Die ganze Inschrift (nach dem beschädigten ersten Quadrat) lautet in Umschrift *Śꜣḥw-Rʿ ʿnḫ ḏd wꜣś śnb ꜣw-ib=f ḏ.t*. Das heißt »Sahure, Leben, Dauer, Glück, Gesundheit (und) Herzensfreude (in) Ewigkeit!«

Bitte beachten Sie auch den zweiten Architrav, der im gleichen Raum wie der erste ausgestellt ist und die gleichen Hieroglyphen, nur in anderer Schriftrichtung und unvollständig erhalten, zeigt.

3.2 Kachel aus dem Palast Ramses' II. bei Kantir

Bei der Thronbesteigung nahmen die ägyptischen Könige eine offizielle Titulatur an, die zur Zeit ihrer vollen Ausprägung fünf Namen enthielt, von denen jeder eine besondere Funktion und Bedeutung hatte. Die wichtigsten und am meisten gebrauchten Namen davon sind der »Vorname« und der »Name«, welche mit den Worten  *(n)św.t-bj.t* »König von Ober- und Unterägypten«[11] bzw.  *sꜣ-Rꜥ* »Sohn des Re« eingeleitet werden. Der *sꜣ-Rꜥ*-Name ist in der Regel derjenige Name, den der König bereits vor seiner Thronbesteigung führte, also eine Art »Familienname« oder »Geburtsname«. Die anderen, zusätzlich bei der Thronbesteigung angenommenen Königsnamen werden seinerzeit jeweils ein bestimmtes religiöses und politisches Programm angedeutet haben – darin in etwa vergleichbar den heutigen Namen von Päpsten –, das uns jedoch

11 *n-św.t-bj.t* heißt wörtlich »Der, welcher zur Binse (Wappenzeichen Oberägyptens) und zur Biene (Wappenzeichen Unterägyptens) gehört«.

im allgemeinen nur ganz ungenau erkennbar ist. Daß bis jetzt das Verständnis der in den Königsnamen enthaltenen Aussagen noch recht unbefriedigend ist, liegt vor allem an der vorläufig nicht zu beseitigenden Unsicherheit, welche von mehreren grammatisch möglichen Übersetzungen jeweils zutrifft.

Auf der hier abgebildeten Kachel aus blauer Fayence ist der *nśw.t-bj.t*-Name Ramses' II. (1290–1224 v. Chr.) in ägyptischem Alabaster eingelegt. Die einzelnen Hieroglyphen sind:

← 	Sonne	Ideogramm: (Gott) *Rˁ*
	Schakalkopf	3-Konsz. *wśr*, hier Abkürzung des Wortes *wśr* »stark sein«
	Göttin mit Feder	Ideogramm: (Göttin) *Mꜣˁ.t*
	Axt	3-Konsz. *śtp*, hier Abkürzung des Wortes *śtp* »erwählen«
	Wasser	1-Konsz. *n*

Der zweimal im Königsnamen enthaltene Name des Sonnengottes Re ist graphisch vorangestellt (s. S. 39), so daß man lesen muß: *Wśr-mꜣˁ.t-Rˁ-śtp-n-Rˁ* (sprich: Wesermaatre-setepenre).

Die Übersetzung dieses zusammengesetzten Namens ist aus den eben angedeuteten Gründen zur Zeit noch recht unsicher. Im allgemeinen deutet man ihn als »Stark ist (ein *sḏm=f* vom Verb *wśr*, vgl. S. 48) die Maat des Re, Auserwählter (Partizip vom Verb *śtp*) für Re«. Aber auch ganz andere Übersetzungen sind denkbar, etwa »Starker hinsichtlich der Maat des Re, welchen sich Re erwählt hat«.

3.3 Türsturz aus einem Tempel oder Palast Ramses' II.

Die eben behandelte Kachel wird der Teil einer Inschrift gewesen sein, wie sie vollständig auf dem hier gezeigten Türsturz erhalten ist. Die zweizeilige Inschrift unter der Flügelsonne ist streng symmetrisch angeordnet. In der Mitte steht in beiden Zeilen die Hieroglyphe für »Leben«, das sogenannte Henkelkreuz. Links und rechts davon folgt in der ersten Zeile *nśw.t-bj.t Wśr-mꜣʿ.t-Rʿ-śtp-n-Rʿ*. Bitte vergleichen Sie einmal die Schreibung des Königsnamens mit der auf der blauen Fayencekachel. Das Zeichen der Göttin Maat ist hier anders geschrieben. An der Feder auf dem Kopf sind aber beide Hieroglyphen – die am Boden wie die auf einem Thron sitzende Göttin – als Maat zu erkennen. Die enge inhaltliche Beziehung zwischen *wśr* und *mꜣʿ.t* wird hier in einer spielerischen Schreibung dadurch angedeutet, daß die Göttin das *wśr*-Zeichen wie ein Zepter in der Hand hält.

In der zweiten Zeile steht der *sꜣ-Rʿ*-Name des Königs. Die einzelnen Zeichen sind:

	Gott mit Falkenkopf und Sonnenscheibe	Ideogramm: (Gott) *Rʿ*
	3 Fuchsfelle, gefalteter Stoff	2-Konsz. *mś* und phonetisches Komplement *ś*
	gefalteter Stoff	1-Konsz. *ś*, hier Abkürzung für Akkusativobjekt »ihn«

← 	Gott mit hohen Federn	Ideogramm: (Gott) *Imn* (»Amun«)
	Kanal	2-Konsz. *mr,* hier für Verb *mr* »lieben«.

Zu lesen ist das alles zusammen als *Rʿ-mś-ś-mr-Imn,* das heißt »Ramses (= Re hat ihn geboren), geliebt von Amun«.

Am Schluß der beiden Zeilen stehen, wiederum symmetrisch angeordnet, auf beiden Seiten die Zeichen , also

	*dj*	(vgl. S. 26)	»beschenkt (mit)«
	*ʿnḫ*	(vgl. S. 42)	»Leben«
	*Rʿ*	(vgl. S. 33)	»Re«
	*mj*	(vgl. S. 26)	»wie«.

Dabei ist der Name des Gottes wieder in der uns nun schon vertrauten Weise dem Wort *mj* vorangesetzt, obwohl die grammatisch richtige Folge der Worte anders ist: *dj ʿnḫ mj Rʿ* »beschenkt mit Leben wie Re«. Zu dieser ungemein häufigen Formel, die gern durch den Zusatz »in Ewigkeit« erweitert wird, vgl. auch S. 66 und S. 68.

3.4 Fragment einer Grabwand

Wer immer es sich im alten Ägypten leisten konnte, sorgte zu Lebzeiten bereits für seinen Tod vor. Man

wünschte sich die ordnungsgemäße Mumifizierung und die würdige Bestattung in einem dauerhaften, wohl ausgerüsteten Grab, denn dies schien dem durchschnittlichen Glauben die beste Voraussetzung für ein glückliches Weiterleben im Jenseits zu sein. Gewiß gab es auch skeptische Stimmen, die all diesen Aufwand für nichtig hielten und als einzige Voraussetzung für die Rechtfertigung nach dem Tode ein Leben entsprechend der »Maat« – dem ägyptischen Inbegriff der rechten Ordnung – gelten lassen wollten. Aber zum rechten Handeln gehörte eben auch die Vorsorge für die eigene Bestattung, soweit es jedem einzelnen immer nur möglich war.

Dies ist der eigentliche Grund dafür, daß die in den Museen der Welt aufbewahrte materielle Hinterlassenschaft Ägyptens so immens ist. Der größte Teil davon kommt ja aus Gräbern: Statuen, Modelle, Uschebtifiguren, Amulette, Totenbücher usw., all das, was man dem Toten mit ins Grab gab, sollte ihm ein glückliches Leben in Ewigkeit sichern. Dem gleichen Zweck diente die künstlerische Ausgestaltung der Grabwände selbst mit Malerei und Relief.

Das nebenstehend abgebildete Fragment einer Grabwand, das im Ägyptischen Museum Berlin (West) ausgestellt ist, zeigt oben Szenen aus der Landwirtschaft und unten das Herbeibringen von Opfergaben für den Grabherrn, dessen Bild links anschließend an das Fragment gestanden haben muß. Die hieroglyphischen Beischriften sind nichts anderes als die Beschreibung dessen, was die Personen tun. Die Tätigkeiten sind dabei im Infinitiv aufgezählt, nämlich

1. *wḥꜣ śnṯr* 
   »Ernten des Weihrauchs«
   Zur Schreibung von *śnṯr* vgl. S. 39.

2. *wḥꜣ išd.w* 
   »Ernten von *išd*-Früchten« (unbekannte Fruchtart)

3. *ʿḥb* 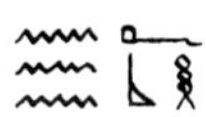
   »Vollschöpfen (von Krügen)«

4. *ir.t ḥḏ.w* 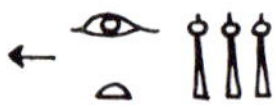

»Machen (d. h. Pflanzen) von Knoblauch«

Zum weiblichen Infinitiv *ir.t* s. S. 44. – Das 2-Konsz. *ḥḏ* (S. 27) ist zur Andeutung des Plurals dreimal geschrieben (vgl. S. 45).

5. *śḫp.t śnṯr* 

»Herbeibringen von Weihrauch«

irp db.w iš[d.w] 

»(und) Wein, Feigen, *išd*-Früchten«.

Bitte beachten Sie das schöne Determinativ bei *irp* »Wein«.

Der weitere Text, der hier nicht im einzelnen erklärt werden soll, nennt noch andere Dinge, die herbeigebracht werden, nämlich »alle süßen Früchte und alle guten frischen Pflanzen«.

3.5 Holzkasten aus dem Schatz des Tutanchamun

In der Form einer Kartusche ist dieser schöne Kasten gearbeitet. Die in Ebenholz und bemaltem Elfenbein eingelegten Hieroglyphen auf seinem Deckel geben zuerst, in zwei ausgewogenen Quadraten, den Namen *Twt-ʿnḫ-Imn* »Lebendes Bild des Amun« wieder. Dabei ist das Wort »Amun« aus Verehrung für den Gott wieder an den Anfang gesetzt (vgl. S. 38). Die besonders sorgfältige Gestaltung der Hieroglyphen läßt hier deutlich erkennen, was das Zweikonsonantenzeichen *mn*  eigentlich ist: ein Spielbrett mit daraufstehenden Spielsteinen. Bitte beachten Sie die typisch ägyp-

tische Darstellungsweise, die zwei Ansichten eines Objektes miteinander verbindet, die niemals gleichzeitig gesehen werden können: Das Spielbrett ist in Aufsicht gezeigt, die Spielsteine in Seitenansicht. So läßt sich von beiden Bestandteilen die jeweils besonders charakteristische Ansicht vorstellen und gleichzeitig die Idee vermitteln, daß die Steine »auf« dem Spielbrett stehen.
Das dritte Quadrat enthält drei Hieroglyphen:

	Hirtenstab	3-Konsz. *ḥḳꜣ* »Herrscher«
	Säule	Abkürzung *Iwnw* »Heliopolis«
	Wappenpflanze Oberägyptens	Ideogramm *šmꜥ* »Oberägypten«

Iwnw-šmꜥ »Heliopolis von Oberägypten« (direkter Genetiv, S. 46) ist eine Bezeichnung für Theben.
Die ganze Inschrift in der Kartusche bedeutet also »Tutanchamun, Herrscher von Theben«.
Betrachten wir anschließend die Hieroglyphen auf der Stirnseite des Kastens! In drei senkrechten Zeilen stehen drei Namen der königlichen Titulatur. Alles zusammen ist in ähnlicher Weise eingerahmt wie die Vignette des Totenbuches S. 83 und bildet ein sehr schön ausgewogenes Quadrat. Die Ausgewogenheit wird u. a. dadurch erreicht, daß in der 1. Zeile (von rechts) die Hieroglyphen nach links blicken, die

2. Zeile nur Hieroglyphen enthält, die senkrecht achsensymmetrisch sind, die 3. Zeile schließlich nur nach rechts blickende Schriftzeichen hat.

In der 1. Zeile steht der sogenannte Horusname des Königs. Man nennt diesen Namen so, weil er in der Regel von einem Bild des Falkengottes Horus bekrönt wird. Der eigentlich Name steht dann in einem Rechteck, das möglicherweise die Fassade eines Königspalastes andeutet. Der Name ist zu lesen als

 *kꜣ* »Stier«

 *nḫt* »starker«

 *twt* »schön«

 *mś(.wt)* »Geburt«

das heißt »Starker Stier, schön (an) Geburt«.

Die zweite senkrechte Zeile enthält den *nśw.t-bj.t*-Namen Tutanchamuns, der hier eingeleitet wird durch

 *nb tꜣ.wj* »Herr der beiden Länder« (vgl. S. 45).

Der Name selbst wird *Nb-ḫpr.w-R*ꜥ gelesen, obwohl ja eigentlich *R*ꜥ*-ḫpr.w-nb* geschrieben ist, vgl. S. 39.

Links neben dem *nśw.t-bj.t*-Namen steht in gleicher Höhe der *sꜣ-R*ꜥ-Name in der gleichen Form wie auf dem Deckel. Über diesen Namen sind die Worte

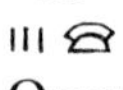 *nb ḫ*ꜥ*.w* »Herr der Kronen« geschrieben.

Quer unter den beiden Kartuschen schließlich steht die

Formel »Beschenkt (mit) Leben wie Re (in) Ewigkeit« *dj ꜥnḫ mj Rꜥ ḏ.t*, vgl. dazu S. 59.
Zum Bild des Gottes Ḥeḥ auf dem knopfförmigen Griff der Lade s. S. 73.

3.6 Alabasterkasten Tutanchamuns

Das Schriftquadrat auf der Stirnseite des kleinen Kastens aus Alabaster, der bei seiner Auffindung zwei mit Leinen umhüllte Haarbällchen enthielt, ist uns in den Zeilen 1 und 2 (von links) bereits ganz verständlich, nämlich:

1	*nṯr nfr*	Guter Gott
	nb tꜣ.wj	Herr der beiden Länder
	Nb-ḫpr.w-Rꜥ	Nebcheperure
2	*sꜣ Rꜥ*	Sohn der Sonne
	nb ḫꜥ.w	Herr der Kronen
	Twt-ꜥnḫ-Imn	Tutanchamun
	ḥkꜣ Iwnw Šmꜥ	Herrscher von Theben.

Nur die unter den Zeilen 1 und 2 quer geschriebene Formel bringt noch etwas Neues, nämlich ein zweites Wort für »Ewigkeit« 𓎛𓇳𓎛, das man *nḥḥ* liest (das *n*, mit dem das Wort beginnt, ist hier nicht geschrieben). Das

Henkelkreuz ist an den Anfang der Formel gesetzt, trotzdem muß man ohne Zweifel lesen

dj ʿnḫ ḏ.t nḥḥ	»beschenkt mit Leben (in) Ewigkeit (und) Ewigkeit« (vgl. auch S. 59).

Die beiden Wörter, die wir mit »Ewigkeit« übersetzen, haben nicht ganz den gleichen Sinn, worauf hier aber nicht näher eingegangen werden kann. Vereinfacht mag man *ḏ.t nḥḥ* mit »(in) alle Ewigkeit« übersetzen. Die rechte (dritte) Zeile bringt den Namen der »großen Königsgemahlin Anchesenamun«. Alle Zeichen sind weiter vorn bereits erklärt worden. Wenn Sie sich nicht mehr erinnern, können Sie nachlesen zu *ḥm.t nśw.t* S. 40, zu *wr* S. 27, zu *ʿnḫ = ś-n-Imn* S. 39.

Die vier letzten Hieroglyphen, die unter dem Namen quer geschrieben sind, liest man

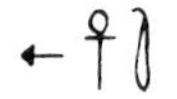	*ʿnḫ.tj*	»sie möge leben«
	*rnp.tj*	»sie möge jung sein«.

Die Hieroglyphe  ist das Zweikonsonantenzeichen *tj* und steht hier als eine grammatische Endung der 3. Person Singular Femininum, die eine Wunschform zum Ausdruck bringt.

Die Inschrift auf dem Deckel enthält abermals den *nśw.t-bj.t*-Namen und den *sꜣ-Rʿ*-Namen des Königs in

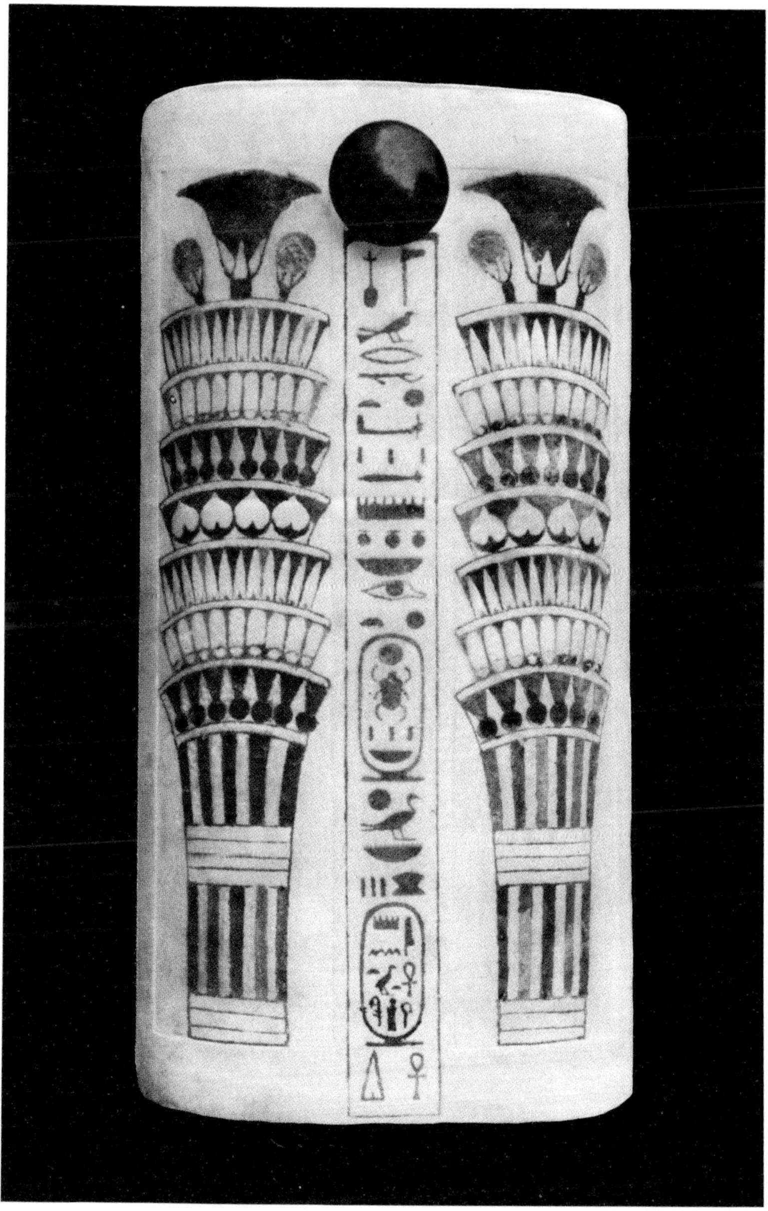

der uns gut bekannten Form. Davor stehen einige schmückende Beiwörter, nämlich

	*nṯr nfr*	Guter Gott,
	*wr*	groß
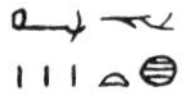	*(n)ḫt.w*	(an) Siegen, Dem Wort *nḫt.w* fehlt ein *n* am Wortanfang. Der schlagende Arm am Wortende ist hier Determinativ.
	*ˁ3*	groß
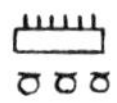	*mnw(.w)*	(an) Denkmälern, Die spielerische Schreibung besteht aus dem 2-Konsz. *mn* und dem dreimal gesetzten 2-Konsz. *nw*.
	*nb*	Herr
	*ir ḫ.t*	des Machens (von) Dingen.

In etwas freierer Übersetzung lautet die ganze Inschrift: »Guter Gott, gewaltig an Siegen, groß an Denkmälern, Herr des Handelns Nebcheperure, Sohn der Sonne, Herr der Kronen Tutanchamun, Herrscher von Theben, beschenkt mit Leben.«

3.7 Alabasterkelch Tutanchamuns

Eben wurde behauptet, daß die beiden Namen in den Kartuschen der *nśw.t-bj.t*-Name und der *s3-Rˁ*-Name Tutanchamuns seien, obwohl über ihnen andere

Worte, nämlich *nb tꜣ.wj* bzw. *nb ḫꜥ.w* standen. Das ganz ähnlich aufgebaute Schriftquadrat des hier gezeigten Alabasterkelches liefert nun den Beweis für diese Behauptung, denn in der mittleren (ersten) und der linken (zweiten) Zeile steht tatsächlich
nśw.t-bj.t Nb-ḫpr.w-Rꜥ und
sꜣ-Rꜥ Twt-ꜥnḫ-Imn ḥḳꜣ Iwnw-šmꜥ.
Quer unter den beiden Zeilen findet sich wieder die Formel »beschenkt (mit) Leben (in) Ewigkeit« *(dj ꜥnḫ ḏ.t)*. Neu ist jetzt nur die rechte (hier: dritte) Zeile, die folgende Zeichen enthält:

	*Imn-Rꜥ*	Amun-Re
	*nb*	Herr
	*nś.wt*	der Throne (S. 45)
	*tꜣ.wj*	der beiden Länder (S. 45)
	*nb*	Herr
	*p.t*	des Himmels (S. 46)
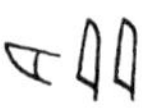	*mrj*	Geliebter

Die Zeile macht natürlich nur dann einen Sinn, wenn man erkennt, daß aus Gründen der Reverenz der Gottesname Amun-Re mit allen Beiwörtern dem Wort *mrj* vorangesetzt ist (vgl. S. 38). Man muß also lesen *mrj Imn-Rꜥ nb nś.wt tꜣ.wj nb p.t,* d. i. »Geliebter des

Amun-Re, des Herrn der Throne der beiden Länder, des Herrn des Himmels«.

Am Kelchrand erkennt man, ausgehend vom Henkelkreuz in der Bildmitte, nach rechts laufend den Beginn der Königstitulatur mit dem Horusnamen *Kꜣ-nḫt twt-mś.wt* (s. S. 65). Der vom Henkelkreuz nach links laufende Text beginnt mit

	*ꜥnḫ kꜣ=k*	Möge dein Ka leben!
	*irj=k*	Mögest du machen
	*ḥḥ.w*	Millionen (von)
	*rnp.wt*	Jahren!

Das Zweikonsonantenzeichen *ḥḥ* »Million« ist zugleich auch Ideogramm für den Gott Ḥeḥ. Eben dieser Gott ist auf den Griffen des Kelches gezeigt, indem er in jeder Hand die Palmrippe als Zeichen für *rnp.t* »Jahr« hält.

3.8 Eingeweidesarg Tutanchamuns

Bei der Mumifizierung wurden die Eingeweide des Verstorbenen entfernt und in vier besonderen Gefäßen, den sogenannten Kanopenkrügen, beigesetzt. Statt solcher Krüge benutzte man bei der Beisetzung Tutanchamuns vier kostbare Miniatursärge aus Gold. Die Eingeweide wurden als »Söhne des Horus« betrachtet und mit besonderen Namen versehen: Imsti, Ḥapi, Duamutef und Kebeḥsenuef. Diese wiederum vertraute man dem besonderen Schutz der Göttinnen Isis, Nephthys, Neith und Selket an.

Der hier abgebildete Eingeweidesarg war für Kebeḥsenuef bestimmt. Der Name dieses »Horussohnes« wird hieroglyphisch

 *Ḳbḥ-śn.w=f* geschrieben und bedeutet wörtlich »Reiniger seiner Brüder« (zum Ideogramm *ḳbḥ* vgl. S. 121 W 16). Die mit seinem Namen bezeichneten Eingeweide standen unter dem Schutz der Göttin Selket (auch: Serket), wie die Inschrift besagt:

	*ḏd mdw*	Worte, zu sprechen (S. 42)
	*in*	durch
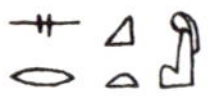	*Srḳ.t*	Selket:
	*dj-n=j*	ich habe gegeben (S. 49)
	*ʿ.wj(=j)*	(meine) beiden Arme (S. 45)
	*ḥr*	auf (S. 29)
	*ntj*	(den), welcher
	*im(=j)*	in (mir ist) (S. 50),
	*śtp(=j)*	(damit) ich bereite
	*sꜣ*	den Schutz (S. 121 V 17)

	*Ḳbḥ-śn.w=f*	des Kebeḥ-senuef,
	*ntj*	welcher
	*im(=j)*	in (mir ist),
	*Ḳbḥ-śn.w=f*	des Kebeh-senuef
	*Wsir*	des Osiris (S. 41)
	*nśw.t*	(und) Königs
	*Nb-ḫpr.w-Rʿ*	Nebcheperure,
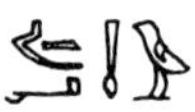	*mꜣʿ ḫrw*	des Gerecht-fertigten (S. 41)[12].

3.9 Kanopenkasten Tutanchamuns

Die vier Eingeweidesärge Tutanchamuns, von denen wir soeben einen betrachtet haben, wurden in einen Kanopenkasten gestellt, der aus einem einzigen Alabasterblock herausgehauen ist. An den Ecken sind die vier Göttinnen Isis, Nephthys, Neith und Selket in

12 Zum Wechsel der Schriftrichtung vgl. S. 41.

erhabenem Relief gebildet. Schützend breiten sie ihre Arme um den Kasten und die darin enthaltenen Eingeweide Tutanchamuns aus. Zwischen den Göttinnen stehen auf allen vier Seiten kurze Inschriften, die noch einmal festhalten, was man sich von den Göttinnen erhoffte. Zu jeder Göttin gehören vier senkrechte Zeilen, nämlich drei an der Stirnseite und eine an der Längsseite des Kastens.

Die Abbildung der nächsten Seite zeigt die Texte der Stirnseite bei den Göttinnen Nephthys und Isis. Die Hieroglyphen sind zur Mitte hin ausgerichtet, d. h. die drei linken Zeilen sind linksläufig, die drei rechten Zeilen rechtsläufig geschrieben. Die erste Zeile jeder Texthälfte ist demnach die dritte von außen.

	*ḏd mdw in*	Worte, zu sprechen durch (S. 41)
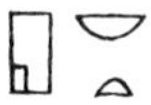	*Nb.t-ḥ.t*	Nephthys (S. 98)
	*inḳ(=j)*	ich umfasse
	*ʿ.wj(=j)*	(meine) beiden Arme
	*ḥr*	um
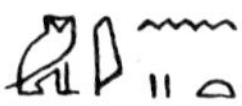	*ntj im(=j)*	(den), welcher in (mir ist),
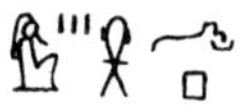	*śtp(=j) sꜣ*	(damit) ich bereite den Schutz
	*ḥr*	für

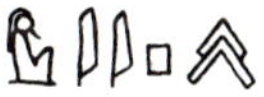	*Ḥpj*	Ḥapi (einer der Horussöhne, S. 74),
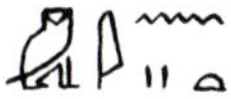	*ntj im(=j)*	welcher in (mir ist),
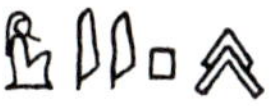	*Ḥpj*	den Ḥapi
	*Wsir nśw.t*	des Osiris (und) Königs
	*Twt-ʿnḫ-Imn-*	Tutanchamun,
	*ḥḳꜣ-Iwnw-šmʿ*	des Herrschers von Theben,
	*mꜣʿ ḫrw*	des Gerechtfertigten.

Die rechten drei Zeilen sind entsprechend zu lesen. Nur drei Wörter davon sind Ihnen noch unbekannt:

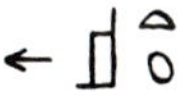	*Is.t*	(Göttin) Isis
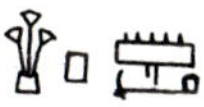	*ḥꜣp*	bergen
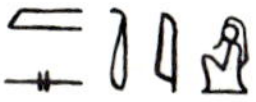	*(I)mstj*	Imsti (einer der Horussöhne, S. 74).

Lassen Sie sich nicht davon verwirren, daß einige Wörter in der rechten Hälfte anders als in der linken Hälfte geschrieben sind, nämlich

links	rechts		
		*im=j*	in mir
		*Wsir*	Osiris

links	rechts		
		*nśw.t*	König
		*mꜣꜥ-ḫrw*	gerechtfertigt.

Diese kleinen graphischen Unterschiede haben es dem Künstler ermöglicht, den zur Verfügung stehenden Raum gut auszunutzen, ohne daß die Schrift gedrängt erscheint. Sie sehen auch hier wieder, wie weit die Möglichkeiten »richtigen« Schreibens in der Hieroglyphenschrift sind.

Jetzt können Sie versuchen, die drei rechten Zeilen selbständig zu lesen und zu übersetzen. Wenn Sie nicht zurechtkommen, sehen Sie bitte auf S. 103 nach.

3.10 Vignette aus einem Totenbuch

Religiöses Spruchgut, das dem Toten ein glückliches Leben im Jenseits sichern sollte, wurde in Ägypten seit dem Neuen Reich auf Papyrusrollen aufgeschrieben und dem Verstorbenen mit ins Grab gegeben. Man nennt solche Papyrusrollen »Totenbücher«. Viele von ihnen sind mit kunstvollen Illustrationen versehen, die man als den Anfang der Buchillustration schlechthin ansehen kann.

Die hier gezeigte Darstellung aus dem Totenbuch eines Mannes namens *Pꜣ-wjꜣ-n-ꜥḏꜣ* – es gehört der Papyrussammlung der Staatlichen Museen zu Berlin (DDR) – steht in einem Rahmen, der selbst von Hieroglyphen gebildet wird: unten die Erde *tꜣ*, oben der Himmel *p.t*, links und rechts als Himmelsstützen zwei Zepter *wꜣś*. Die Szene selbst zeigt rechts den Verstorbenen, wie er dem Gott Osiris ein auf dem Altar liegendes Opfer bringt und kühles Wasser spendet. Ähnliche Zeichnungen sind in ägyptischen Totenbüchern wohl tausendfach erhalten, aber nicht alle sind so sorgfältig wie diese hier gestaltet, die ein kleines Kunstwerk für sich ist. Die Ausgewogenheit der Komposition ist durch eine ziemlich strenge Gliederung der Fläche erreicht, von der hier nur folgendes kurz angedeutet sei:

Das Quadrat ist sowohl senkrecht als auch – weniger deutlich – waagerecht in drei fast millimetergenau gleich große Abschnitte geteilt. Die senkrecht zu denkenden Konstruktionslinien verlängern die kurzen Zeilentrenner links von Zeile 2 und zwischen Zeile 3 und 4. Das linke senkrechte Bilddrittel enthält also keine Schrift, während die anderen Bilddrittel je drei Zeilen Schrift haben. Fast alle schrägen Linien verlaufen entlang den Hauptdiagonalen und parallel dazu (Arme des Toten, Griffe von Peitsche und Krummstab des Osiris) oder entlang den Diagonalen der erwähnten Drittel und parallel dazu (z. B. die vordere Schräge des Podestes, auf dem der Osiristhron steht). Das innere Konstruktionsnetz ist noch viel feiner gesponnen, als hier aus-

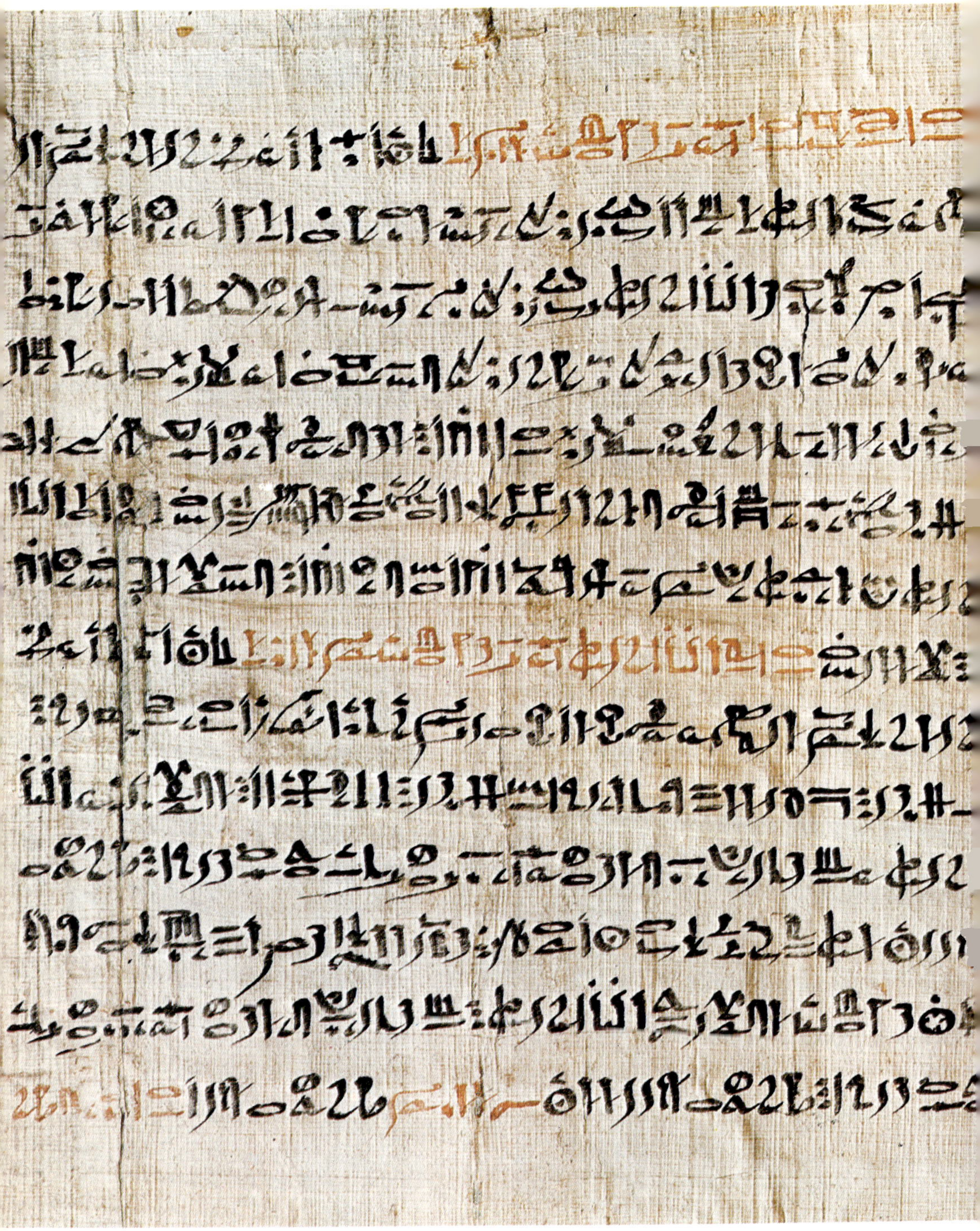

2 1 3 4 5 6

P.1

geführt werden soll. Fast keine Linie der Zeichnung ist »zufällig«, alles ist in wirklich gekonnter Weise angeordnet. Ganz kleine Abweichungen von den Konstruktionslinien verhindern aber, daß die strenge Ordnung aufdringlich wird und das Bild steif und konstruiert wirken läßt.

Die Vignette ist ein gutes Beispiel für die unlösbare Verbindung zwischen Schrift und Bild, die für die ägyptische Kunst so charakteristisch ist. Auf die Hieroglyphen, die den Rahmen des Bildes abgeben, wurde schon hingewiesen. Aber auch einige Elemente des Bildes selbst sind in eben der Form gezeigt, die bestimmte Hieroglyphen haben. Vielleicht versuchen Sie selbst einmal, in der Vignette drei Ihnen bereits bekannte Hieroglyphen wiederzufinden (Lösung S. 104).

Nun aber endlich zum Text:

1 *Ḥtp-dj-nśw.t Wsir nb (n)ḥḥ* 

»Der König gibt ein Opfer für Osiris, den Herrn der Ewigkeit«

Zur Formel *ḥtp-dj-nśw.t* s. S. 40. – Hinter dem Zeichen *nb* »Herr« steht ein kleines , das anscheinend fehlerhaft hier eingedrungen ist. – Das Wort *nḥḥ* ist, wie häufig, ohne das anlautende *n* geschrieben, vgl. S. 66.

2 *nṯr ˁꜣ ḫntj imn.t* 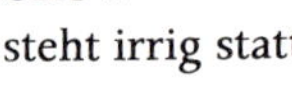

»den großen Gott, den Ersten des Westens«

Zu *ḫntj* s. S. 50, zu *imn.t* S. 118, R 14. Das Zeichen steht irrig statt des Determinativs (s. S. 115, N 25)

3 *dj=f ḳ(r)s(.t) nfr.t n* 
»Er möge geben ein schönes Begräbnis dem«

4 *it-ntr n Imn-Rꜥ-nśw.t-nṯr.w* 
»Gottesvater des Amun-Re, des Königs der Götter«
Zum Titel *it-ntr* »Gottesvater« vgl. S. 39.

5/6 *Pꜣ-wjꜣ-n-ꜥḏꜣ mꜣꜥ-ḫrw* 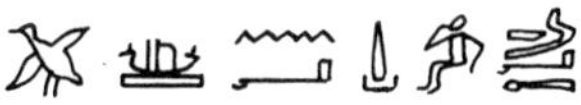
»Pa-wia-en-adja, dem gerechtfertigten.«

Links neben dem ganzen Bild mit seinen Hieroglyphen steht ein Text, der, wie Sie sehen, nicht in Hieroglyphen geschrieben ist. Diese andere Schrift nennt man »Hieratisch«. Sie ist aus den Hieroglyphen durch Abrundung und Vereinfachung abgeleitet und verhält sich zu diesen ähnlich wie unsere Schreibschrift zu gedruckten Lettern. In manchen hieratischen Zeichen kann man noch das hieroglyphische Urbild wiedererkennen. Der Anfang der ersten hieratischen Zeile würde beispielsweise in hieroglyphischer Umschrift (vgl. S. 16) so aussehen:

rꜣ n wn rꜣ n s n=f m ẖr.t-nṯr
»Spruch des Öffnens des Mundes eines Mannes für ihn in der Nekropole«
Zu *n=f* s. S. 49, zu *ẖr.t-ntr* S. 39, zum Genetiv S. 46. – Dies ist die Überschrift für das sogenannte Mundöffnungsritual, das man bei der Bestattung an der Mumie vollzog.

Wenn Sie sich den hieratischen Text genau ansehen, sollten Sie den Namen des Pa-wia-en-adja selbst finden können. Die hieratische Schreibung des letzten Zeichens – das sitzende Kind mit der Hand am Mund – sieht nämlich hieratisch kaum anders als hieroglyphisch aus, allerdings in anderer Schriftrichtung, denn Hieratisch wird immer von rechts nach links geschrieben. Der Name steht zweimal auf der hieratischen Seite. Haben Sie ihn gefunden? Wenn nicht, sehen Sie bitte auf S. 104 nach.

3.11 Scheintür der Chutenptaḥ

Ägyptische Gräber waren vielfach in einen verschlossenen Bereich des Toten und in einen allgemein zugänglichen Bereich geteilt, in dem Angehörige und Freunde des Verstorbenen seiner betend gedenken und Opfer für ihn niederlegen konnten. Die Grenze zwischen beiden Grabteilen wird oft durch die steinerne Nachbildung einer Tür, eine sogenannte Scheintür, markiert. Diese ist in der Regel so wie das hier zu besprechende Beispiel mit den Namen und den Titeln der verstorbenen Person, mit kurzen Gebeten und einigen Darstellungen geschmückt.

Die abgebildete Scheintür – sie ist im Ägyptischen Museum Berlin (West) ausgestellt – gehört einer Frau namens 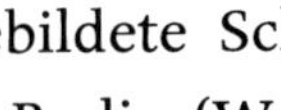 *Ḫw.t-n-Ptḥ* (zur graphischen Voranstellung des Gottesnamens Ptaḥ vgl. S. 38). Ihr Kosename lautet 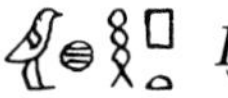 *Ḫwj.t.*

1
2
3
4
5
6
7
8
9
10

Die einzelnen Zeilen haben folgenden Text:

1 *Ḥtp-dj-nśw.t Wsir* 

»Der König gibt ein Opfer (für) Osiris,«

ḫnt(j) Ḏdw 

»den Ersten von Busiris,«

Ḏdw »Busiris« ist ein Hauptkultort des Gottes Osiris. Zum 3-Konsz. *ḫnt* vgl. S. 32 und 50.

pr.t-ḫrw n 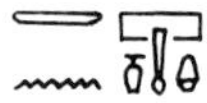

»ein Totenopfer (für)«

Zu *pr.t-ḫrw* vgl. S. 41

imꜣḫw.t ḫr nṯr ꜥꜣ 

»die Ehrwürdige beim großen Gott,«

rḫ.t-nśw.t Ḫwj.t 

»die Bekannte des Königs Chuit.«

Das Wort *rḫ.t-nśw.t* – s. S. 40 – ist hier irrtümlich wie *ḫr.t nśw.t* geschrieben.

2/3 Die Zeilen 2 und 3 bringen gegenüber Z. 1 ein einziges neues Wort, nämlich den Titel vornehmer Frauen *šps.t-nśw.t* »Vornehme des Königs« (vgl. S. 40). Außerdem ist in Z. 2 die Verbindung *ḫnt(j) Ḏdw* »Erster von Busiris« durch *nb Ḏdw* »Herr von Busiris« ersetzt, also:

pr.t-ḫrw n imꜣḫw.t ḫr Wsir nb (Z. 3: *ḫntj*) *Ḏdw nṯr ꜥꜣ šps.t-nśw.t Ḫw.t-n-Ptḥ*

»Ein Totenopfer für die Ehrwürdige bei Osiris, dem Herrn (Z. 3: dem Ersten) von Busiris, beim großen Gott, der Vornehmen des Königs Chut-en-Ptaḥ.«

Die stehende Frau am Ende der Zeile soll natürlich Chut-en-Ptaḥ selbst sein. Zugleich kann man das Bild aber auch als ein zu dem Personennamen gehörendes Determinativ auffassen – ein Beispiel für die in Ägypten so häufige enge Verbindung von Bild und Schrift.

4 *imꜣḫw.t ḫr nṯr ʿꜣ Ḫwj.t*
»die Ehrwürdige beim großen Gott Chuit«

5 *imꜣḫw.t ḫr Ptḥ Skr špś.t-nśw.t Ḫw.t-n-Ptḥ*
»Die Ehrwürdige bei Ptaḥ (und) Sokar, die Vornehme des Königs Chut-en-Ptaḥ«

6 Gleicher Text wie in Z. 5, nur in anderer Reihenfolge. Bei der spiegelbildlichen Anordnung der einzelnen Hieroglyphen hat der Bildhauer versehentlich *ein* Zeichen ganz genauso wie in Z. 5 eingemeißelt. Finden Sie, welches Zeichen er nicht richtig gedreht hat? (Lösung S. 105).

7 *imꜣḫw.t Ḫw.t-n-Ptḥ*

8 *špś.t-nśw.t imꜣḫw.t Ḫwj.t*

9/10 *imꜣḫw.t ḫr nṯr ʿꜣ Ḫwj.t*

Jetzt bleiben nur noch die wenigen Hieroglyphen in dem quadratischen Fenster der Tür zu besprechen. Direkt über dem Bild der Verstorbenen erkennen Sie den senkrecht geschriebenen Namen *Ḫwj.t* und darüber das *n* des Dativs: »für Chuit«. Rechts daneben steht oben sechsmal das Zweikonsonantenzeichen *ḫꜣ*, das hier die Zahl *ḫꜣ* »1000« bedeutet. Unter jedem davon findet sich eine Abkürzung für das, was man der Toten tausendfach für das Leben im Jenseits wünscht: Brot (), Bier (), Alabaster(-Krüge mit Öl) (), Kleidung ()[13], alle () Rinder () und Vögel (). Es ist dies hier eine ganz knappe Andeutung einer überaus häufigen Formel von Grabdenkmälern aus allen Zeiten der ägyptischen Geschichte. Sie wird uns gleich im nächsten Beispiel, das rund 1500 Jahre jünger als die Scheintür der Chut-en-Ptaḥ ist, wieder begegnen.

3.12 Grabstele der Taschepchensu

In der ägyptischen Spätzeit ließ eine breite mittelständische Schicht für verstorbene Angehörige kleine Grabstelen herstellen, die im Material – meist Holz – und in der Ausführung relativ billig waren. Viele hundert Exemplare sind in den Museen der Welt gesammelt, oft sind sie flüchtig, ja liederlich gearbeitet – Zeugnisse einer Massenproduktion ohne künstlerischen Ehrgeiz.

Die Grabstele der Taschepchensu  (an anderer Stelle lautet der Name ausführlicher Taschepenchensu 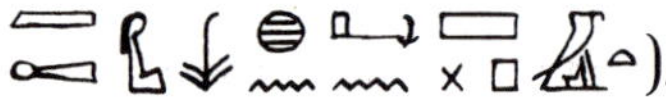), die im Ägyptischen Museum Berlin ausgestellt ist, gehört wegen

13 Diese besondere Form hat das Zeichen hier; üblicher ist an der Stelle die Hieroglyphe S27 (S. 118).

der relativen Sorgfalt der Bemalung und Beschriftung bereits zu den besseren Beispielen der Gruppe.

Das Bildfeld zeigt rechts die Verstorbene in Anbetung vor fünf Gottheiten. Die zweizeilige Inschrift über ihr ist zu den Göttern hin ausgerichtet, damit diese lesen können: 

Wsir nb(.t) pr Tꜣ-šp-ḫnsw mꜣʿ-ḫrw

»Osiris Hausherrin Taschepchensu, gerechtfertigt«.

Der Buchstabe *n* ist dabei – wie auf der ganzen Stele – nicht wie , sondern einfach geschrieben.

Schräg rechts über den Göttern stehen deren Namen. Sie sind so ausgerichtet, daß sie von der Seite der Taschepchensu zu lesen sind, nämlich

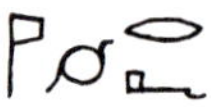 *Rʿ* (Das Sonnendeterminativ ist hier noch mit einer Schlange verziert.)

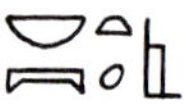 *Is.t nb(.t) p.t* »Isis, Herrin des Himmels«

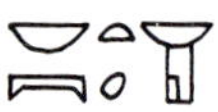 *Nb.t-ḥ.t nb(.t) p.t* »Nephthys, Herrin des Himmels«.

Die Namen der anderen zwei Götter sind ganz bzw. teilweise zerstört. Das fünfzeilige Schriftfeld hat folgenden Text:

Ḥtp-dj-nśw.t Rʿ-Ḥr-ꜣḫ.tj 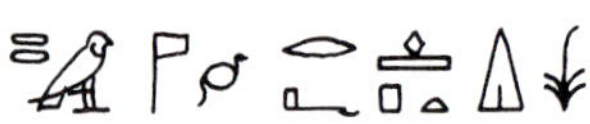

»Der König gibt ein Opfer für Re-Harachte,«

Zum Gottesnamen Re-Harachte vgl. S. 97.

ḥr(j) nṯr.w 

»den Obersten der Götter«

ḥr(j) »Oberster« (s. S. 50) ist mit dem Zeichen des Himmels determiniert.

Tm nb tꜣ.wj (nb) Iwnw 

»(und für) Atum, den Herrn der beiden Länder, (den Herrn von) Heliopolis«

Das zweite Zeichen im Wort *Tm* ist das Zweikonsonantenzeichen *tm*, das hier von den phonetischen Komplementen *t* und *m* begleitet wird. Es ist also eigentlich *t-tm-m* geschrieben, vgl. S. 30.

nṯr ꜥꜣ nb tp (verschrieben für: *p.t*) 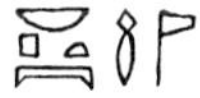

»den großen Gott, den Herrn des Himmels«.

dj=f ḫꜣ m tꜣ ḫꜣ m ḥḳ.t 

»Er möge geben 1000 an Brot, 1000 an Bier«

Hier beginnt die Formel, die uns in abgekürzter Schreibweise auf der Scheintür S. 90 begegnet ist. *m* ist dabei die Präposition und bedeutet hier »von«, »an« o. ä. Gemeint ist natürlich jeweils die passende Einheit, also etwa »1000 Laibe Brot, 1000 Krüge Bier« usw.

ḫꜣ m iḥ.w ḫꜣ m ꜣpd.w 

»1000 an Rindern, 1000 an Vögeln«

ḫꜣ m śnṯr ḫꜣ m ḳbḥ 

»1000 an Weihrauch, 1000 an Wasserspenden«

Zur Schreibung von *śnṯr* vgl. S. 39.

ḫꜣ m ḫ.t nb.t nfr(.t) 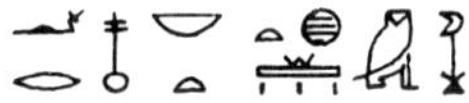

»1000 an allen guten Dingen«

n kꜣ Wsir nb(.t) pr 

»für den Ka der Osiris Hausherrin«

Die verstorbene Frau ist mit dem männlichen Gott Osiris gleichgesetzt, vgl. dazu S. 41.

Tꜣ-šp-n-ḫnsw mꜣꜥ ḫrw 

»Taschepenchensu, gerechtfertigt«,

Hier ist der Name durch den Einschub eines *n* gegenüber oben erweitert. Das kleine *t* am Ende des Namens vor dem Determinativ der sitzenden Frau ist hier nur ein graphischer Hinweis auf das Femininum und bleibt ungelesen.

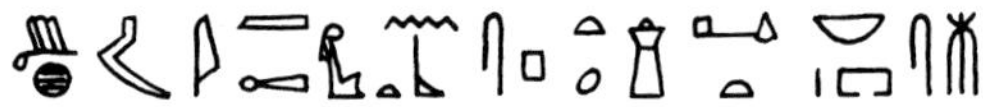

mś nb(.t) pr Dj-bꜣś.t(.t)-p(ꜣ)-śnb mꜣʿ ḫrw imꜣḫ(.t)
»geboren von der Hausherrin Dibastetpaseneb, der Gerechtfertigten, der Ehrwürdigen«.

4 SCHLUSS

4.1 Ausgewählte Königsnamen

Schreibung	Umschrift	übliche Wiedergabe Hieroglyphen-Nr. S. 107 ff.
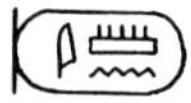	*Mni*	Menes Y5–N35–M17
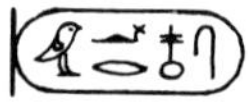	*Śnfrw*	Snofru S29–F35–I9–D21–G43
	*Ḫfw*	Cheops Aa1–I9–G43
	*Ḫʿ=f-Rʿ*	Chephren N5–N28–I9
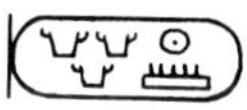	*Mn-kꜣ.w-Rʿ*	Mykerinos N5–Y5–D28–D28–D28
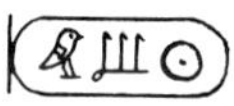	*Sꜣḥw-Rʿ*	Saḥure N5–D61–G43
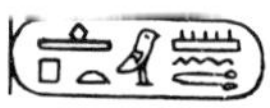	*Mnṯw-ḥtp*	Mentuḥotep Y5–N35–V13–G43– R4–X1–Q3
	*Imn-m-ḥꜣ.t*	Amenemḥet M17–Y5–N35–G17–F4–X1
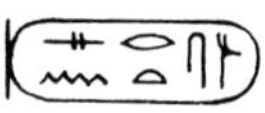	*S-n-Wśr.t*	Sesostris F12–S29 D21–X1–O34–N35

Schreibung	Umschrift	übliche Wiedergabe Hieroglyphen-Nr. S. 107 ff.
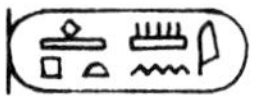	*Imn-ḥtp*	Amenophis M17–Y5–N35–R4–X1–Q3
	*Ḏḥwtj-ms*	Thotmosis G26–F31–S29
	*Ḥꜣ.t-šps.wt*	Ḥatschepsut F4–X1–Z1–A51–X1–Z2
	*ꜣḫ-n-Itn*	Echnaton M17–X1–N35–N5– G25–Aa1–N35
	*Twt-* *ʿnḫ-Imn*	Tutanchamun M17–Y5–N35–X1– G43–X1–S34
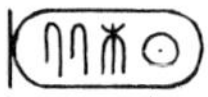	*Rʿ-mś-ś*	Ramses N5–F31–S29–S29
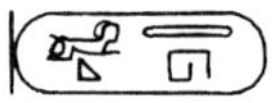	*Tꜣhrwḳ*	Taharka N17–O4–E23–N29
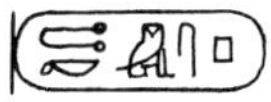	*Pśmṯk*	Psammetich Q3–S29–G17–V13–V31
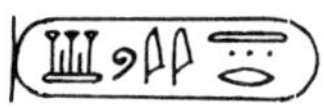	*Tꜣrjwšꜣ*	Darius N16–D21–M17–M17– Z7–M8
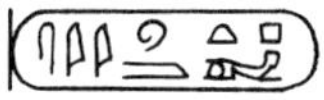	*Ptrwmjs*	Ptolemaios Q3–X1–E23–Z7–Aa13–M 17–M17–S29

Schreibung	Umschrift	übliche Wiedergabe Hieroglyphen-Nr. S. 107 ff.
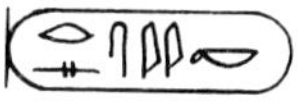	*Kjśrs*	Caesar (Augustus u. a.) V31–M17–M17–S29– D21–O34

4.2 Götternamen

(Hier sind nur die in diesem Buch vorkommenden Namen verzeichnet.)

Schreibung	Varianten	Umschrift	übliche Wiedergabe
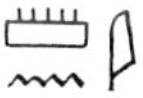		*Imn*	Amun
	 und ☉	*Rꜥ*	Re
		*Imn-Rꜥ*	Amun-Re
		*Itn*	Aton
		*Ḥr*	Horus
		*Ḥr-ꜣḫ.tj*	Harachte (= Horus vom Horizont)
		*Rꜥ-Ḥr-ꜣḫ.tj*	Re-Harachte

Schreibung	Varianten	Umschrift	übliche Wiedergabe
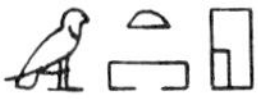		*Ḥ.t-ḥr*	Hathor (= Haus des Horus)
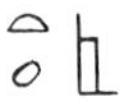		*Is.t*	Isis
	 und 	*Wsir*	Osiris
		*Ptḥ*	Ptaḥ
		*Skr*	Sokar
		*Ḫnśw*	Chons
		*Ḏḥwtj*	Thot
		*(I)tm*	Atum
		*Ḥḥ*	Ḥeḥ
		*Srḳ.t*	Selket
		*Nb.t-ḥ.t*	Nephthys (= Herrin des Hauses)
		*Bꜣs.t(.t)*	Bastet
		Mꜣꜥ.t	Maat

Schreibung	Varianten	Umschrift	übliche Wiedergabe
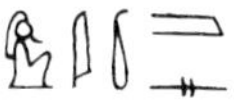		*(I)mstj*	Imsti (Amset)
		*Ḥpj*	Ḥapi
		*Ḳbḥ-sn.w = f*	Kebeḥsenuef

4.3 Wie es weitergehen kann

Wenn Sie dieses kleine Buch bis hierher gelesen haben, ist Ihnen das System der ägyptischen Hieroglyphenschrift hoffentlich verständlich geworden. Manche kleine Inschriften, etwa auf den kostbaren Objekten des Tutanchamun-Schatzes, können Sie nun selbst lesen und übersetzen. Mehr konnte und wollte dieses Buch nicht erreichen.

Vielleicht aber ist Ihre Neugier jetzt erst richtig geweckt. Dann gibt es für Sie verschiedene Möglichkeiten, noch mehr über die Schrift und Sprache der alten Ägypter zu erfahren. Zunächst darf auf einen geplanten zweiten Band der »Hieroglyphen ohne Geheimnis« hingewiesen werden. Er wird weitere Beispiele hieroglyphischer Texte enthalten, die in der gleichen Art wie hier erklärt sind, darunter auch längere Inschriften von berühmten Monumenten in Ägypten. Andere Kapitel des Buches geben u. a. einen Überblick über Art und Umfang des altägyptischen Schrifttums, über andere ägyptische und nichtägyptische Schriftarten, die aus den Hieroglyphen abgeleitet sind, sowie über die Entzifferungsgeschichte.

Sie können natürlich auch versuchen, anhand der gängigen Grammatiken (Verzeichnis S. 106) selbständig weiterzuarbeiten. Dazu muß aber gesagt werden, daß keine dieser Grammatiken besonders gut zum Selbststudium geeignet ist. Es ist auf jeden Fall leichter, unter der Anleitung eines Lehrers weiter in die ägyptische Schrift und Sprache einzudringen. An allen Universitäten mit ägyptologischem Lehrpersonal werden regelmäßig entsprechende Einführungskurse gehalten. Im deutschsprachigen Bereich sind dies zur Zeit die Universitäten Basel, Berlin (Freie Universität), Berlin (Humboldt-Universität), Bonn, Freiburg, Freiburg/ Schweiz, Göttingen, Hamburg, Hannover, Heidelberg, Köln, Leipzig, Mainz, Marburg, München, Münster, Trier, Tübingen, Wien, Würzburg und Zürich. Sie können sich dort erkundigen, ob Sie als Gasthörer an einem solchen Kurs teilnehmen dürfen. Allerdings können Universitätskurse, die vor allem zur Heranbildung des wissenschaftlichen Nachwuchses dienen, im allgemeinen nur wenig Rücksicht auf die speziellen

Interessen und Möglichkeiten von Laien nehmen. Es dürfte sich deshalb für Sie eher empfehlen, bei der Volkshochschule Ihres Heimatortes vorzusprechen und Ihren Wunsch nach einer entsprechenden Veranstaltung anzumelden. Wenn die Zahl der Interessenten groß genug ist, wird auch Ihre Volkshochschule sicher einen Hieroglyphenkursus organisieren können, wie er bereits jetzt von manchen Instituten dieser Art von Zeit zu Zeit durchgeführt wird. Die Namen und Adressen von ausgebildeten Ägyptologen, die in Ihrem Heimatort oder seiner Nähe wohnen und die vielleicht einen solchen Kursus halten würden, kann Ihre Volkshochschule jederzeit vom »Informationsblatt der deutschsprachigen Ägyptologie« in 1000 Berlin 19, Schloßstraße 70, erfragen.
Welchen Weg Sie auch wählen – ich wünsche Ihnen viel Freude und Erfolg bei der weiteren Beschäftigung mit den altägyptischen Hieroglyphen, einem der ältesten Schriftsysteme der Menschheit, das um so faszinierender wird, je mehr man in seine Geheimnisse eindringt.

5 ANHANG

5.1 Auflösung der Aufgaben

Seite 22

Die Namen der linken Spalte: Anton, Martin, Helmut, Josef, Sebastian, Alexander.
Die Namen der rechten Spalte: Nikola, Gisela, Katharina, Sigrid, Barbara, Kleopatra.

Seite 31

Die Königsnamen lauten
Mni = Menes
Ḫfw = Cheops
Tꜣhrwḳ = Taharka
Pśmṯk = Psammetich
Tꜣrjwšꜣ = Darius
Ptrwmjs = Ptolemaios.
Vgl. auch Seite 95.

Seite 36

Die Determinative der auf Seite 23/4 stehenden Wörter:

 eine Mumie, wird als Det. für Wörter wie Mumie, Statue, Bild u. ä. benutzt

 eine sitzende Frau

 ein Stab, oben mit Stoff umwunden, Zeichen für Gott

 das Himmelsgewölbe mit den »Ecken«

 eine verschnürte und versiegelte Papyrusrolle, dient als Determinativ für Geschriebenes und Abstraktes

 Wein

 das Landzeichen, steht als Determinativ im Wort »Ewigkeit«.

Seite 39

Die erste Schreibung des Wortes *śnṯr* »Weihrauch« zeigt das vorangestellte *nṯr*-Zeichen, dem das Einkonsonantenzeichen *ś* folgt. Anschließend kommen die phonetischen Komplemente *ṯ* und *r* sowie drei kleine Kreise – hier nicht als Zeichen für den Plural, sondern als Hinweis auf eine aus vielen Einzelkörnern bestehende Sache. Die zweite Schreibung enthält das *nṯr*-Zeichen nicht, sondern besteht aus dem Zweikonsonantenzeichen *śn* und den Einkonsonantenzeichen *ṯ* und *r* sowie den gleichen drei kleinen Kreisen.

Seite 79

ḏd mdw in Is.t	Worte, zu sprechen durch Isis:
ḥꜣp(=j) ʿ.wj(=j)	Ich berge meine beiden
ḥr ntj im=j	Arme um (den), welcher in mir (ist).

śtp(=j) sꜣ ḥr	Ich bereite den Schutz für
Mstj ntj im(=j)	(I)msti, welcher in (mir ist),
Mstj Wsir	den (I)msti des Osiris (und)
nśw.t	Königs
Nb-ḫpr.w-Rꜥ	Nebcheperure,
mꜣꜥ-ḫrw	des Gerechtfertigten.«

Seite 84

Von den in der Vignette »verborgenen« Hieroglyphen sind Ihnen bereits bekannt:
das Zepter des Osiris *(ḥḳꜣ),*
das Gerät für die Wasserspende in der Hand des Verstorbenen *(ḳbḥ),*
das Podest, auf dem das Gottesbild des Osiris steht *(mꜣꜥ).*
Weitere Gegenstände, die wie bestimmte Hieroglyphen aussehen, sind z. B. die Geißel in der Hand des Osiris, der Thron mit Osiris sowie der Opferaltar.

Seite 86

Die hieratische Schreibung des Namens *Pꜣ-wjꜣ-n-ꜥḏꜣ* sieht so aus: 
Sie findet sich am Ende der 1. Zeile (mit den Determinativen am Anfang der 2. Zeile) sowie am Anfang der 9. Zeile (mit dem ersten Zeichen am Ende der 8. Zeile). Wenn man die hieratische Schreibung Zeichen für Zeichen ins Hieroglyphische »umschreibt« (vgl. S. 16), er-

hält man  . Wenn Sie dies mit der originalen hieroglyphischen Schreibung in der Vignette vergleichen, werden Sie leicht einige Unterschiede feststellen. Diese sollen hier nicht weiter behandelt werden, sondern nur noch einmal die Breite »richtigen« Schreibens demonstrieren (vgl. S. 11).

Seite 89

Das Zeichen, das in Zeile 6 genauso wie in Zeile 5 aussieht, obwohl es wegen der anderen Schriftrichtung hätte spiegelbildlich erscheinen sollen, ist der Korb mit Henkel, das Einkonsonantenzeichen für *k* im Wort *Skr* »(Gott) Sokar«.

Hieroglyphen auf dem Buchdeckel

Diese Inschrift ist der »Weißen Kapelle« des Pharaos Sesostris I. (1971–1929 v. Chr.) in Karnak entnommen. Die Farben sind allerdings im Original nicht erhalten und hier nur nach anderen Texten rekonstruiert. Die Inschrift ist so zu lesen:

ḏd mdw in Imn-Rʿ nb nś.wt tꜣ.wj

»Worte, zu sprechen durch Amun-Re, den Herrn der Throne der beiden Länder«

(zu *ḏd mdw* vgl. S. 41, zu *nś.wt* S. 45, zu *tꜣ.wj* S. 45)

dj-n(=j) ʿnḫ ḏd wꜣś nb n sꜣ(=j) Ḫpr-kꜣ-Rʿ

»Ich habe gegeben alles Leben, alle Dauer, alles Glück meinem Sohn Cheperkare«

(zum Wegfall des Suffixes der 1. Person Singular in der Schrift vgl. S. 47, zur Verbform des *sḏm-n=f* S. 49, zum Dativ mit *n* S. 49)

dj-n(=j) n=f ḥw nb ẖr=j
»Ich habe ihm alle Nahrung bei mir gegeben.«

5.2 Verzeichnis der im Buchhandel erhältlichen Grammatiken

Brunner, Hellmut
Abriß der mittelägyptischen Grammatik. Zum Gebrauch in akademischen Vorlesungen. 2., erweiterte und verbesserte Auflage, Akademische Druck- und Verlagsanstalt Graz, 1967. 122 S.

Erman, Adolf
Kurzer Abriß der ägyptischen Grammatik. 5., unveränderter Abdruck, Wissenschaftliche Buchgesellschaft Darmstadt, 1969. 64 S.

Gardiner, Sir Alan
Egyptian Grammar. Being an introduction to the study of hieroglyphs. Third edition, revised. Oxford University Press London, 1973. 646 S., 1 Taf.

5.3 Hieroglyphenliste

In der folgenden Liste sind alle in diesem Buche vorkommenden Hieroglyphen zusammengestellt und mit ihrem hier belegten Gebrauch erklärt. Zur Erleichterung für weitergehende Studien sind sie in der gleichen Ordnung verzeichnet, welche die von den Ägyptologen allgemein benutzte Schriftliste in Gardiners Egyptian Grammar aufweist. Die Zahlen können Ihnen zugleich zeigen, wie »klein« die Auswahl der hier vermittelten Hieroglyphen im Vergleich zum Bestand zur Zeit des Mittleren Reiches ist. Dabei ist außerdem zu berücksichtigen, daß bei den hier aufgenommenen Schriftzeichen keineswegs alle Bedeutungsmöglichkeiten notiert sind.

A. Männer und ihre Tätigkeiten

1		sitzender Mann Det. (S. 21, 34); für Suffix der 1. Person Sing. (S. 47)
9		tragender Mann Det. (S. 28)
17		sitzendes Kind Det. (S. 86)
19		gebeugter Mann, der sich auf einen Stock stützt Det. (S. 35)
24		schlagender Mann Det. (S. 35)
29		Mann im Kopfstand Det. (S. 35)

40  sitzender Gott mit Bart und langer Perücke
Det. (S. 79); für Suffix der 1. Person Sing. (S. 47)

51  Mann, der auf einem Stuhl sitzt und eine Geißel hält
Ideogramm: *šps* »vornehm« (S. 96)

53  Mumie
Det. (S. 23)

54  liegende Mumie
Det. (S. 85)

B. Frauen und ihre Tätigkeiten

1  am Boden sitzende Frau
Det. (S. 21, 34); für Suffix der 1. Person Sing. (S. 47)

C. Götter in Menschengestalt

2  Gott mit Falkenkopf und Sonnenscheibe
Ideogramm: *Rʿ* »Re« (S. 58)

10  Göttin mit Feder auf dem Kopf
Ideogramm: *Mꜣʿ.t* »Maat« (S. 56)

–  sitzende Göttin mit Feder auf dem Kopf
Variante zu C10 (S. 58)

11	𓁨	Gott mit erhobenen Armen Ideogramm: *Ḥḥ* »(Gott) Ḥeḥ«; 2-Konsz. *ḥḥ* »Million« (S. 73)
12	𓁩	Gott mit hohen Federn auf dem Kopf Ideogramm: *Imn* »Amun« (S. 59)

D. Teile des menschlichen Körpers

2	𓁷	Gesicht 2-Konsz. *ḥr* (S. 27), Präposition *ḥr* »auf« (S. 29)
3	𓁸	Haar Det. (S. 37)
4	𓁹	Auge 2-Konsz. *ir* (S. 27), Verb *ir* »machen« (S. 29)
19	𓂉	Nase 3-Konsz. *ḫnt* (S. 32, 50)
21	𓂋	Mund 1-Konsz. *r* (S. 19); Ideogramm: *rꜣ* »Mund, Spruch« (S. 85)
28	𓂓	ausgestreckte Arme 2-Konsz. *kꜣ* (S. 26, 28); *kꜣ* »Ka« (S. 29)
32	𓂘	umfassende Arme Det. (S. 78)
36	𓂝	Arm 1-Konsz. ʿ (S. 19)

37		Arm und Hand mit Zeichen X8 2-Konsz. *dj* (S. 26); Verb *dj* »geben« (S. 48)
40		Arm und Hand mit Stock Ideogramm: *nḫt* »stark« (S. 65) Det. (S. 70)
46		Hand 1-Konsz. *d* (S. 20)
54		laufende Beine Det. (S. 35, 37)
55		rückwärts laufende Beine Det. (S. 35)
58		Bein 1-Konsz. *b* (S. 19)
61		Zehen 3-Konsz. *sꜣḥ* (S. 32, 51)

E. Säugetiere

1		Stier Det. (S. 28)
2		angreifender Stier Ideogramm: *kꜣ* »Stier« (S. 65)
23		Löwe 2-Konsz. *rw* (S. 26); zur Wiedergabe eines unägyptischen *l* (S. 21)
34		Hase 2-Konsz. *wn* (S. 27)

F. Teile von Säugetieren

1  Ochsenkopf
Abkürzung für *iḥ(.w)* »Rinder« (S. 90, 93)

4  Vorderteil eines Löwen
Ideogramm *ḥ3.t* »Vorderseite, Spitze«

12  Kopf und Hals eines Schakals o. ä.
3-Konsz. *wśr* (S. 56)

31  drei verknotete Fuchsfelle
2-Konsz. *mś* (S. 27)

32  Tierleib mit Zitzen
1-Konsz. *ẖ* (S. 20)

34  Herz
Ideogramm: *ib* »Herz« (S. 33)

35  Herz und Luftröhre
3-Konsz. *nfr* (S. 32)

39  Rippenstück mit herausfließendem Mark
Ideogramm: *im3ḫ* »ehrwürdig« (S. 41)

40  Rippenstück mit beidseitig herausfließendem Mark
2-Konsz. *3w* (S. 26)

G. Vögel

1  Geier
1-Konsz. *3* (S. 19)

5  Falke
Ideogramm: *Ḥr* »(Gott) Horus« (S. 97)

17	𓅓	Eule 1-Konsz. *m* (S. 19)
25	𓅜	Ibis 2-Konsz. *ꜣḫ* (S. 96)
26	𓅝	Ibis auf einer Standarte Ideogramm: *Ḏḥwtj* »(Gott) Thot« (S. 96)
36	𓅨	Schwalbe 2-Konsz. *wr* (S. 27)
37	𓅪	Spatz Det. für Schlechtes, Kleines (S. 37)
39	𓅭	Ente 2-Konsz. *sꜣ* (S. 26); *sꜣ* »Sohn« (S. 29)
40	𓅮	fliegende Ente 2-Konsz. *pꜣ* (S. 26); *pꜣ* Artikel »der« (S. 94)
41	𓅯	fliegende Ente graphische Variante zu G40
43	𓅱	Wachtelküken 1-Konsz. *w* (S. 19)

H. Teile von Vögeln

1	𓅿	Kopf einer Ente Abkürzung für *ꜣpd(.w)* »Vögel« (S. 90, 93)
8	𓆇	Ei Det. im Namen von Göttinnen (S. 92)

I. Amphibien und Reptilien

9	𓆑	Hornviper 1-Konsz. *f* (S. 19) bleibt im Wort *it* »Vater« ungelesen (S. 34)
10	𓆓	Kobra 1-Konsz. *ḏ* (S. 20); in *ḏd mdw* »Rezitation« (o. ä., S. 41)

K. Fische

1	𓆛	ein Fisch (tilapia nilotica) 2-Konsz. *in* (S. 27, 78)

L. Insekten

1	𓆣	Mistkäfer 3-Konsz. *ḫpr* (S. 31)
2	𓆤	Biene Ideogramm: *bj.t* »Biene« (S. 33); in *nśw.t-bj.t* »König von Ober- und Unterägypten« (S. 54)

M. Bäume und Pflanzen

1	𓆭	Baum Det. (S. 45)
3	𓆱	Ast 2-Konsz. *ḫt* (S. 70)

4  Palmzweig ohne Blätter
3-Konsz. *rnp;* in *rnp.t* »Jahr« (S. 73)

7  Kombination der Zeichen M4 und Q3
Ideogramm: *rnp* »jung sein« (S. 68)

8  Teich mit Lotosblumen
2-Konsz. *šꜣ* (S. 26)

12  Lotosblume
2-Konsz. *ḫꜣ* (S. 26); *ḫꜣ* »1000« (S. 89, 93)

16  Papyrusbüschel
2-Konsz. *ḥꜣ* (S. 26)

17  Schilfblatt
1-Konsz. *j* (S. 19)

23  Wappenpflanze Oberägyptens (Binse?)
2-Konsz. *św* (S. 27); in *nśw.t* »König von Oberägypten« (S. 40)

26  blühende Pflanze (M23)
Ideogramm: *šmꜥ* »Oberägypten« (S. 64)

43  Wein
Det. (S. 24)

N. Himmel, Erde, Wasser

1 Himmel
Ideogramm: *p.t* »Himmel«
Det. (S. 92)

5 Sonne
Ideogramm: *rꜥ* »Sonne« (S. 33)
Det. für Sonne und Zeiteinheiten (S. 66)

6		Sonne mit Uräus
		Ideogramm: *Rʿ* »Re« (S. 92)
8		strahlende Sonne
		Det. (S. 37)
14		Stern
		Ideogr. *śbꜣ* »Stern« (S. 34)
16		Land mit Sandkörnern
		Ideogramm: *tꜣ* »Erde, Land«
		Det. in *ḏ.t* »Ewigkeit« (S. 53)
17		Land
		wie M16
19		zwei Sandflächen
		Ideogr. *ꜣḫ.tj* im Gottesnamen Harachte (S. 97)
21		Landzunge
		Det. Land (S. 72)
25		hügliges Land
		Det. bei Ländernamen u. ä. (S. 84)
28		Hügel mit aufgehender Sonne
		2-Konsz. *ḫʿ* (S. 26); »Krone« (S. 65)
29		Sandböschung
		1-Konsz. *ḳ* (S. 20)
33		drei Sandkörner
		Det. für Plural in bestimmten Wörtern (S. 45)
35		Wasserlinie
	auch	1-Konsz. *n* (S. 19)

		drei Wasserlinien Det. Wasser (S. 61)
36		Kanal 2-Konsz. *mr* (S. 27, 59); *mr* »lieben« (S. 59)
37		Teich 1-Konsz. *š* (S. 20)
42		Brunnen mit Wasser 2-Konsz. *ḥm* (S. 27)

O. Gebäude und Gebäudeteile

1		Grundriß eines Hauses Ideogramm: *pr* »Haus« (S. 29) 2-Konsz. *pr* (S. 27)
3	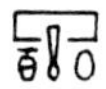	Kombination der Hieroglyphen O1, P8, X3 und W22 Abkürzung für *pr.t-ḫrw* »Totenopfer« (S. 41)
4		Hof 1-Konsz. *h* (S. 20)
6		rechteckige Umwallung im Grundriß Ideogramm: *ḥw.t* »Haus, Tempel«
9		Kombination der Hieroglyphen O6, V30 und X1 Schreibung für *Nb.t-ḥ.t* »Nephthys« (S. 92)

10 Kombination der Hieroglyphen O6 und G5
Schreibung für *Ḥ.t-ḥr* »Hathor« (S. 98)

28 Säule
3-Konsz. *iwn,* Abkürzung für *Iwnw* »Heliopolis« (S. 64)

29 hölzerne Säule (auch vertikal)
2-Konsz. *ꜥꜣ* (S. 25); *ꜥꜣ* »groß« (S. 29)

31 Türflügel
Det. (S. 37)

34 Türriegel
1-Konsz. *s* (S. 20)

49 Stadt mit Straßen
Det. (S. 37)

P. Schiffe und Schiffsteile

3 heilige Barke
Ideogramm: *wjꜣ* »Götterbarke« (S. 85)

8 Ruder
3-Konsz. *ḫrw* (S. 32); in *mꜣꜥ-ḫrw* »gerechtfertigt« (S. 41)

Q. Möbel

1 Sitz
Ideogramm *s.t* »Platz«
2-Konsz. *is* in *Is.t* »(Göttin) Isis« (S. 79);
2-Konsz. *ws* in *Wsir* »(Gott) Osiris« (S. 79)

2		Sänfte 2-Konsz. *ws* in *Wsir* »(Gott) Osiris« (S. 79)
3		Hocker 1-Konsz. *p* (S. 19)

R. Tempelgerät

4		Opferbrot auf einer Matte 3-Konsz. *ḥtp* (S. 31)
7		Schale zum Verbrennen von Weihrauch Abkürzung im Titel *it-nṯr* (S. 39)
8		Stück Stoff an einem Pfahl Ideogramm: *nṯr* »Gott« (S. 39) Det. in Götternamen (S. 92)
11		Pfeiler 2-Konsz. *ḏd;* Abkürzung für *ḏd* »Dauer« (S. 53); im Namen der Stadt *Ḏdw* »Busiris« (S. 88)
14		Standarte mit Feder Ideogramm: *imn.t* »Westen« (S. 84)

S. Kronen, Kleidung, Stäbe usw.

3		rote, unterägyptische Krone 1-Konsz. *n* (S. 19)
27		Stück Stoff mit Fransen Abkürzung für *mnḫ.t* »Kleidung«
–		Variante zu S27 (S. 90)

28 Stoff mit Fransen und Zeichen S29
Det. für Kleidung u. ä. (S. 79)

29 gefalteter Stoff
1-Konsz. *ś* (S. 20); Abkürzung für *śnb* »Gesundheit« (S. 42)

34 Schleife (das sogenannte Henkelkreuz)
3-Konsz. *ꜥnḫ;* in *ꜥnḫ* »Leben« (S. 53)

38 Hirtenstab
3-Konsz. *ḥḳꜣ;* in *ḥḳꜣ* »Herrscher« (S. 64)

40 Zepter mit Kopf eines Tieres
3-Konsz. *wꜣś;* Abkürzung für *wꜣś* »Glück« (S. 53)

43 Spazierstock
3-Konsz. *mdw;* in *ḏd-mdw* »Rezitation« o. ä. (S. 41)

T. Kriegs-, Jagd- und Schlachtgeräte

3 Keule
2-Konsz. *ḥḏ* (S. 27)

22 Pfeilspitze
2-Konsz. *śn* (S. 27)

23 graphische Variante zu T22 (S. 27)

28 Schlachtblock
2-Konsz. *ẖr* (S. 27)

U. Landwirtschaft und Handwerk

1 Sichel
2-Konsz. *mꜣ* (S. 26)

4  Kombination der Zeichen U1 und Aa11
Abkürzung für *mꜣʿ* »wahr« (S. 41)

6  Hacke
2-Konsz. *mr* (S. 27); *mr* »lieben« (S. 29)

13  Pflug
Det. (S. 35)

15  Schlitten
2-Konsz. *tm* (S. 27); im Namen des Gottes Atum (S. 93)

21  Axt
3-Konsz. *śtp* (S. 31); in *śtp* »auswählen« (S. 56); *śtp sꜣ* »Schutz bereiten« (S. 74)

28  Feuerbohrer
2-Konsz. *ḏꜣ* (S. 26); Abkürzung für *wḏꜣ* »Heil« (S. 42)

33  Mörser
2-Konsz. *tj* (S. 26)

V. Seile, Körbe u. ä.

4  Lasso
2-Konsz. *wꜣ* (S. 25)

6  Seil
Abkürzung: Alabaster(-Krug) (S. 90)

10  »Kartusche«
Art Determinativ für Königsnamen (S. 37)

13  Strick

1-Konsz. *ṯ* (S. 20)

17  zusammengerollte Hirtenmatte

Ideogr. *sꜣ* »Schutz« (S. 74)

28  Docht aus gedrehtem Flachs

1-Konsz. *ḥ* (S. 20)

30  geflochtener Korb

2-Konsz. *nb* (S. 27); *nb* »jeder, alle« (S. 29); *nb* »Herr« (S. 44)

31  Korb mit Henkel

1-Konsz. *k* (S. 20)

W. *Gefäße*

2  versiegelter Ölkrug

3-Konsz. *bꜣś;*

im Namen der Göttin Bastet (S. 94)

11  Krugständer

Ideogr. *nś.t* »Thron« (S. 45, 72)

1-Konsz. *g* (S. 20)

15  hoher Wasserkrug

Ideogr. *ḳbḥ* »reinigen«, »Wasserspende« (S. 104)

16  hoher Wasserkrug im Krugständer

graphische Variante zu W15 (S. 74)

17  drei Wasserkrüge im Ständer

3-Konsz. *ḫnt* (S. 32); *ḫnt(j)* »erster« (S. 50, 88)

18  vier Wasserkrüge im Ständer
graphische Variante zu W17

19  Milchkrug in einem Netz
2-Konsz. *mj* (S. 26)

22  Bierkrug
Ideogr. *ḥḳ.t* »Bier« (S. 90)
Determinativ (S. 93)

24  kugliges Gefäß
2-Konsz. *nw* (S. 26)

X. Brote und Kuchen

1  Brot
1-Konsz. *t* (S. 20)

2  Brot
Ideogr. *tꜣ* »Brot«

3  Brot
graphische Variante zu X3

4 Brot
Determinativ in *pr.t-ḫrw* (S. 88). Zeichen oft ähnlich wie N17

8  konisches Brot(?)
2-Konsz. *dj* (S. 26); Verb *dj* »geben« (S. 49)

Y. Schrift, Spiel, Musik

1 versiegelte Papyrusrolle (auch vertikal)
Det. für Geschriebenes, Abstraktes

5 Brettspiel
2-Konsz. *mn* (S. 27)

Z. Striche

1 Strich
Det. für »1«
Determinativstrich (S. 13)

2 drei Striche
Det. für Plural (S. 44)

3 drei Striche
graphische Variante zu Z2

4 zwei kleine Striche
auch: Det. für Dual (S. 45)
1-Konsz. *j* (S. 21)

7 hieroglyphische Umformung einer hieratischen Schreibung des Zeichens G43
1-Konsz. *w* (S. 21)

Aa. Zweifelhaftes

1 Placenta?
1-Konsz. *ẖ* (S. 20)

5 Teil des Steuerruders?
2-Konsz. *ḥp* (S. 27); im Namen des Gottes Ḥapi (S. 79)

11 Podest, Sockel? (auch vertikal)
3-Konsz. *mꜣʿ*
in *mꜣʿ-ḫrw* »gerechtfertigt« (S. 41)

13  ?
1-Konsz. *m* (S. 21)

Inventarnummern und Fotonachweis der besprochenen Objekte

1. Architrav: Ägyptisches Museum SPK Berlin, Inv.Nr. 340/67
2. Kachel: Staatliche Sammlung Ägyptischer Kunst München, Inv.Nr. ÄS 5535
3. Türsturz: Ägyptisches Museum SPK Berlin, Inv.Nr. 7 u. 8/66
4. Grabwand: Ägyptisches Museum SPK Berlin, Inv.Nr. 3/65
5. Holzkasten: Ägyptisches Museum Kairo, JE 61490, Katalog-Nr. 6 der Tutanchamun-Ausstellung 1980/81
6. Alabasterkasten: Ägyptisches Museum Kairo, JE 61762, Katalog-Nr. 46 der Tutanchamun-Ausstellung 1980/81
7. Alabasterkasten: Ägyptisches Museum Kairo, JE 62125, Katalog-Nr. 39 der Tutanchamun-Ausstellung 1980/81
8. Eingeweidesarg: Ägyptisches Museum Kairo, JE 60691, Katalog-Nr. 45 der Tutanchamun-Ausstellung 1980/81
9. Kanopenkasten: Ägyptisches Museum Kairo, JE 60687, vgl. Katalog-Nr. 38 der Tutanchamun-Ausstellung 1980/81
10. Totenbuch: Papyrussammlung der Staatlichen Museen zu Berlin (DDR), Inv.Nr. P 10466
11. Scheintür: Ägyptisches Museum SPK Berlin, Inv.Nr. 73/71
12. Grabstele: Ägyptisches Museum SPK Berlin, Inv.Nr. 932

Fotos: 1–4, 10–12 Museumsaufnahmen; 5–9 Tutanchamun-Ausstellung 1980/81

